공학교육에서의

토론식 수업

• 김진영 저 •

홍릉과학출판사

머리말

새로운 21세기를 주도하는 인재양성의 산파가 되기 위해 세계 각국은 끊임없이 교육개선에 노력을 기울이고 있다. 학교와 지역사회는 질 높은 교육이 국가의 경쟁력이라는 생각을 갖고 보다 나은 교수-학습법을 기대하고 있다. 가르침과 배움이란 학생들의 잠재적 능력을 증가시키고 삶을 유의미하게 만드는 행위이다. 가르침과 배움이 일어나는 교육현장에서는 교수와 학생간의 역동적 '상호작용(interaction)'이 가장 중요하다. 담화를 통해 학생과 학생 간 및 학생과 교수 간의 상호작용을 높일 수 있는 토의와 토론은 교육 실제에 있어 필수적인 교수-학습법이다. 토의와 토론에서의 이러한 상호작용은 학생들을 무지, 편견, 정형화 그리고 지엽주의로부터 자유롭게 만들어 줄 수 있다.

토의식 혹은 토론식 교수-학습법은 학생들의 잠재적인 능력을 개발하고 새로운 아이디어를 산출해내는 창의력 및 고차적 사고의 개발에 도움이 되는 교육 방법이다. 많은 학생들의 교수의 강의에 도움을 얻어 독학의 방식으로 학습해나가고 있다. 독학(獨學)이 독학(毒學)이 되지 않게 하기 위해 함께 의견을 나누고 새로운 문제해결을 시도해야한다. 또한, 토의와 토론은 배움의 열정을 불타오르게 하는 교육 접근 방식이다. 이 열정은 학생들의 토의하기, 비판하기, 반성하기 등의 반복-순환적 학습형태로 지속이 가능하다. 이를 통해 학생과 학생 · 학생과 교수간의 영감이 넘치고 의미를 깨달아가는 진정한 학습의 장을 구현할 수 있다.

이 책에서 2장에서 토론식 수업의 필요성 및 방법에 대해 설명한다. 3장에서는 교육공학에 대해 설명하고, 4장에서는 효율적인 원격화상 수업의 방향에 대해 알아본다. 5장에서는 강의식 수업과 토론식 수업 방법을 비교해보고, 6장에서는 협력 학습에 대해 설명한다. 7, 8장에서는 학습 집단과 의사결정 모델에 대해 알아본다. 9, 10장에서는 공학 교육의 사례 연구를 통해 공학 교육의 혁신방안에 대해 설명한 후, 마지막으로 11장에서 토론 수업의 교육적 효과에 대해 논하였다.

토의와 토론식 교수-학습은 참여하는 학생들의 토의 주제 관련 지식이나 관심의 깊이가 클수록 성공적일 수 있다. 뿐만 아니라, 교수의 사려 깊은 준비와 운영을 통해 수업에서 예상치 못했던 참신한 아이디어가 범람하는 교실을 만들 수 있다. 토의와 토론식 교수-학습법으로 학생들을 수동적으로 받아들이는 방식에서 벗어나 보다 능동적이고 주도적인 창의적 학습자로 거듭날 수 있을 것으로 기대된다. 끝으로, 저서 집필에 많은 도움을 준 대학원생들에게 감사의 말을 전한다.

차 례

Chapter | 01

서 론

대학에서 공학전공과목의 수업은 교수 중심의 주입식 교육이 일반화 되어있다. 학생과 교수 사이에 지식의 상호교류를 통한 피드백 학습이 이루어지지 않고 교수 중심의 주입식 교육을 함으로써 학생의 성향에 맞추지 못하고 학생들의 학습에 대한 동기부여도 미약한 실정이다.

교수 중심의 주입식 교육을 탈피하고 학생들에게 수업에 대한 동기부여를 할 수 있는 방식은 토론식 수업이다. 토론식 수업은 탐구수업과 마찬가지로 전통적인 암기위주의 수업방식에 대한 대안으로 자주 언급되는 수업방법이다. 토론은 어떤 사실이나 가치, 정책에 대해 관련된 지식과 정보를 확인하고 쟁점을 발견해 자신의 주장을 세울 뿐 아니라 반론을 비판하는 능력까지 배울 수 있는 최고의 사고력 연습의 과정이다. 그리고 토론식 수업은 학생들에게 적극적 동기와 자율적 탐구의 능력을 기를 수 있는 효과적인 방법이 될 수 있다.

공학전공과목에서 그동안 토론식 수업이 도입되지 못했던 가장 큰 이유 중에 하나는 교수와 학생간의 지식의 비대칭성을 들 수 있다. 교수들의 수준 높은 역량에 비해 학생들의 공학전공과목에 대한 지식과 현상에 대한 개념이나 원리에 대한 이해도가 낮아서 원천적으로 질의 응답 수업뿐만 아니라 토론식 수업의 반영이 힘들었다. 또한 학생들이 그 동안 주입식 교육에 너무 길들여졌다는 점이다. 초·중·고등학교 교육을 모두 주입식 교육만 받아온 학생들에게 갑작스런 토론식 수업은 오히려 주입식 교육보다 효율이 안 좋을 수 있다. 주입식 교육에서 학생들은 단순히 지식을 받아들이는 입장이지만 토론식 수업은 학생이 주체가 되어 수업에 참여하고 주제 및 관련 자료들에 대한 사전조사 및 지식을 요구하기 때문에 수업 참여에 대한 동기부여가 확실히 되어야 한다.

학습 환경을 조성하고 학생중심의 교과과정을 편성하며 학습 내용과 자료들을 학생들의 관심과 흥미를 유발할 수 있는 것으로 대체함으로써 학생들의 토론식 수업에 대한 동기부여를 할 수 있고, 학생들에 의해 교수, 학습에 대한 수행평가를 실시해서 토론식 수업을 공학전공과목에 반영할 수 있다.

Chapter | 02

토론식 수업의 필요성 및 방법

2.1 토론식 수업이 도입되지 못한 이유

① 교수와 학생간의 지식의 비대칭성
② 학생들이 주입식 교육에 길들여짐

2.2 토론식 수업의 연구개요

대학에서 공학전공과목의 수업은 교수 중심의 주입식 교육이 일반화 되어있다. 학생과 교수 사이에 지식의 상호교류를 통한 피드백 학습이 이루어지지 않고 교수 중심의 주입식 교육을 함으로써 학생의 성향에 맞추지 못하고 학생들의 학습에 대한 동기부여도 미약한 실정이다.

교수 중심의 주입식 교육을 탈피하고 학생들에게 수업에 대한 동기부여를 할 수 있는 방식은 토론식 수업이다. 토론식 수업은 탐구수업과 마찬가지로 전통적인 암기위주의 수업방식에 대한 대안으로 자주 언급되는 수업방법이다.

공학전공과목에서 그동안 토론식 수업이 도입되지 못했던 가장 큰 이유 중에 하나는 교수와 학생간의 지식의 비대칭성을 들 수 있다. 교수들의 수준 높은 역량에 비해 학생들의 공학전공과목에 대한 지식과 현상에 대한 개념이나 원리에 대한 이해도가 낮아서 원천적으로 질의 응답 수업뿐만 아니라 토론식 수업의 반영이 힘들었다. 또한 학생들이 그 동안 주입식 교육에 너무 길들여졌다는 점이다. 초·중·고등학교 교육을 모두 주입식 교육만 받아온 학생들에게 갑작스런 토론식 수업은 오히려 주입식 교육보다 효율이 안 좋을 수 있다.

주입식 교육에서 학생들은 단순히 지식을 받아들이는 입장이지만 토론식 수업은 학생이 주체가 되어 수업에 참여하고 주제 및 관련 자료들에 대한 사전조사 및 지식을 요구하기 때문에 수업 참여에 대한 동기부여가 확실히 되어야 한다.

학습 환경을 조성하고 학생중심의 교과과정을 편성하며 학습 내용과 자료들을 학생들의 관심과 흥미를 유발할 수 있는 것으로 대체함으로써 학생들의 토론식 수업에 대한 동기부여를 할 수 있고, 학생들에 의해 교수, 학습에 대한 수행평가를 실시해서 토론식 수업을 공학전공과목에 반영할 수 있다.

2.3 토론식 수업의 필요성

토론이란, 공동의 관심사가 되는 어떤 문제에 대하여 가장 바람직한 해결 방안을 찾기 위하여 집단 성원이 협동적으로 의견을 나누는 과정이다. 그리고 토론식 수업은 학생들에게 적극적 동기와 자율적 탐구의 능력을 기를 수 있는 효과적인 방법이 될 수 있다. 현재의 대학 교육은 교수 당 학생 수의 비율이 너무 높아서 교수들의 수업 방식에 맞춘 주입식 교육이 일반적이다. 학생 개개인의 학습 성향에 초점을 맞추지 못하는 수업과 교육은 학생들에게 학습에 대한 동기부여를 할 수 없고, 학생들의 학업에 대한 성취도도 기대하기 어렵다. 특히나 기본 과목이 아닌 공학전공과목의 경우 눈에 보이지 않는 현상이나 원리를 다루는 경우가 많은 분야는 주입식 교육에 한계가 있기 마련이다.

공학전공과목에 토론식 수업을 도입함으로써 교수 중심의 주입식 교육이 아닌 학생 간에 서로의 의견을 공유할 수 있는 기회를 가질 수 있다. 현상이나 원리에 대한 개인들의 생각을 토론을 통해 일반화하면서 이해성을 높일 수 있고 학생과 교수 간에 질의 응답 및 토론 할 시간을 한 번 더 가짐으로써 학생 간에 서로 공유된 의견과 궁금한 점들에 대해 최종적인 해결책을 마련할 수 있다.

하지만 토론식 수업에 대한 충분한 사전 준비가 없거나 형식과 규칙이 체계적이지 못할 경우 토론식 수업은 오히려 주입식 교육보다 비효율적이 될 수 있으므로 학생들에게 동기부여가 확실히 되어야 한다. 즉, 학생들이 토론할 내용을 잘 모르면 깊이 없는 의견만 교환하거나 부질없는 말싸움으로만 끝날 수 있고 토론의 절차나 기법이 체계적이지 못하면 초점 없이 방만한 수업으로 흐르거나 산만하고 잡다한 주장과 생각만 어지럽게 난무하게 된다.

이러한 문제점은 교수가 전체적인 토론을 이끌어 가면서 의견 대립 및 잘못된 지식에 대해서는 중재자 및 코디네이터로서 역할을 수행하고, 학생들의 토론식 수업에 대한 동기부여를 꾸준히 해 줌으로써 공학전공과목에 대한 학생들의 학습 성취도를 높일 수 있다.

토론식 수업을 위한 첫 번째 과제로는 학습 환경을 조성하고 학생중심의 교과과정을 편성하며 학습 내용과 자료들을 학생들의 관심과 흥미를 유발할 수 있는 것으로 대체함으로써 학생들의 토론식 수업에 대한 동기부여를 한다. 그리고 아직 토론식 수업에 익숙하지 않은 학생들을 위해 교수주도형의 토론식 수업을 선행 실시하고 학생들에 의해 교수, 학습에 대한 수행평가를 실시해서 학생 중심의 토론식 수업을 공학전공과목에 반영할 수 있다.

2.4 토론식 수업의 내용

토론식 교육은 강의식 교육, 즉 교수 중심의 주입식 교육과 비교하여 학생들의 다양한 의견을 '토론'을 통하여 서로가 배우는 방식을 말한다. 평소 자신의 생각을 말하고 결정하는 방식은 학생들이 교육과정에 능동적이고 주체적으로 참여하게 만든다. 이런 과정을 통하여 서로가 서로에게 배우고 가르치게 되는 것이다. 이러한 토론식 수업을 위한 전제조건은 학생들의 자발적인 참여를 위한 동기부여가 우선시 되어야 한다.

동기부여를 위한 방법으로 우선 학습 환경을 조성한다. 그리고 교과과정을 학생중심으로 편성하고 주교재 외에 다양한 참고자료를 제공한다. 자료들은 학생들의 관심과 흥미를 유발할 수 있는 시청각 자료를 많이 선택한다.

토론식 수업의 경우 너무 많은 인원이 참여하는 경우에 효율성이 떨어진다. 현재 대학 내의 구조적인 문제 때문에 한 강좌 당 학생 수가 지나치게 많다. 일부 학생들만이 지정되어 토론에 참여할 경우 나머지 학생들이 토론으로부터 배제되게 된다. 이러한 문제점을 해결하기 위해 토론식 수업을 위해 적당한 인원으로 조 편성을 실시하고 교수 주도하에 주제를 설정하여 수업 전에 편성된 조 단위로 우선 토론의 과제를 제시한다.

그리고 조 단위로 나온 결과를 가지고 공학전공과목에 대한 토론식 수업을 진행함으로써 학생 모두가 토론에 참여할 수 있는 기회를 제공할 수 있다.

토론수업에 익숙하지 않은 많은 학생들을 위해 토론식 수업 진행 후에 학생들에 의한 교수, 학습에 대한 수행평가 및 개선요구 사항 등을 수집하여 꾸준한 피드백으로 우선 선행되는 교수주도형 토론식 수업을 학생주도형 토론식 수업으로 정착해 나간다.

2.5 토론식 수업의 방법

(1) 전제 조건 : 학생들의 자발적인 참여를 위한 동기부여

(2) 수업의 방법

- 학습 환경을 조성
- 교과과정을 학생중심으로 편성
- 주 교재 외에 다양한 참고자료 제공, 학생 모두가 토론에 참여할 수 있는 기회를 제공
- 학생들에 의한 교수, 학습에 대한 수행평가 및 개선요구 사항 수집(Feedback) (교수주도형 토론식 수업→학생주도형 토론식 수업)

(3) 토론식 수업에서의 교수의 역할

① 계획의 수립자

② 분위기 조성자

③ 안내자·정보 제공자

④ 토론의 유지 및 조정자

⑤ 사고의 유도 및 질문자

⑥ 관찰 평가자

- 토론식 수업을 공학전공과목에 반영
  - 학습 환경 조성, 학생 중심의 교과 과정 편성
  - 토론식 수업에 대한 동기부여
  - 학생들에 의한 교수, 학습에 대한 수행평가 실시

Chapter | 03

교육공학

3.1 교육공학의 의미

3.1.1 교육공학의 개념

(1) 공학(technology)

일반적으로 기계나 장치, 무엇인가를 만드는 기술을 의미한다.
'~'에 관한 탐구과정을 의미하기도 한다.

(2) 교육공학

교육목적을 달성하기 위하여 인간적 자원은 물론 비인간적 자원을 적절히 체계적으로 활용하는 과정을 의미한다.

① 장점

- 대량교수의 가능성, 개별학습, 적성과 진도에 적용할 개별교수 및 학습의 실현에 기여한다.
- 자동교수(Automatic teaching)에 의한 교사기능의 일부 대체 혹은 보완이 가능하다.
- 각종 자료의 처리, 기록 보존, 재생 등의 교수 보조업무를 신속·정확하게 처리한다.
- 학습의 즉시성을 향상시킨다.
- 구체적 경험, 다양한 경험을 증대시킨다.

② 단점

- 공업기술화에 따른 비인간화 현상을 야기할 수 있다.
- 학생의 능동성, 자발성이 경시될 수 있다.
- 교사와 학생간의 인간관계 단절에서 오는 인간적 접촉의 약화가 우려된다.

3.1.2 교육공학의 세 가지 의미

(1) 교육에서의 공학

① 협의의 교육공학으로, 단지 기술적 기계장치를 이용하여 교육자료를 전달하고자 한다.

예 시청각 매체를 수업에 활용하는 것

② 매체는 하드웨어(매체 자체)와 소프트웨어(교수자료)로 구성된다.

③ 초기에는 주로 하드웨어의 개발과 보급에 치우쳤으나 갈수록 소프트웨어의 개발에 더 많은 관심을 가지게 되었다.

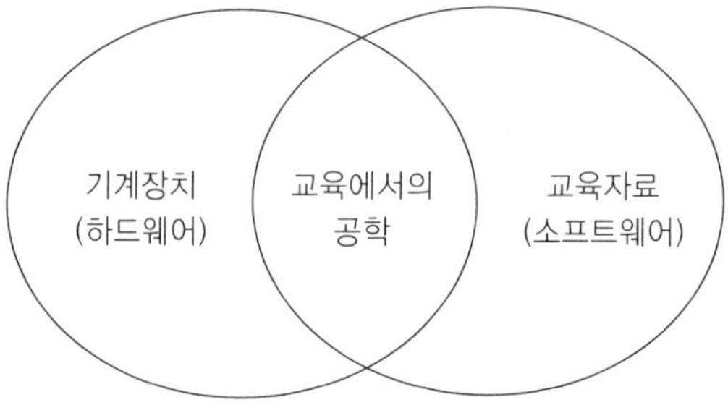

그림 3.1 교육에서의 공학 : 인간이 없는 공학

(2) 교육의 공학

교육의 전 과정을 체계적으로 계획, 실행, 평가하는 것을 의미한다. 하드웨어인 기술적 장치, 소프트웨어인 수업자료, 학습자중심의 사회과학 지식이 만난다.

매체의 기술적 특성 뿐 아니라 교수자료(소프트웨어)에 담겨 있는 교육내용 및 목표와의 적합성이 매체선정에 중요한 기준이 된다.

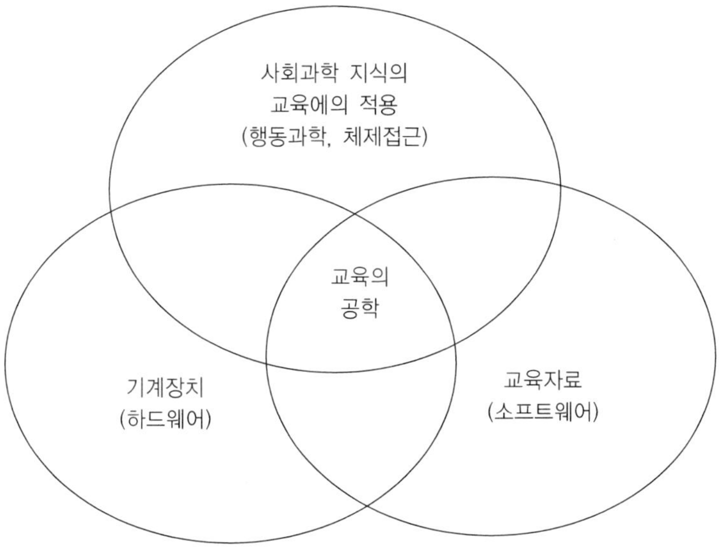

그림 3.2 교육의 공학 : 불완전한 적응(인간을 위한 공학)

(3) 인간의 교육공학

학습자는 자신의 문제를 적극적으로 해결하려는 주체적 인간이다.
교육과 공학에서 완전한 적응을 취한다.

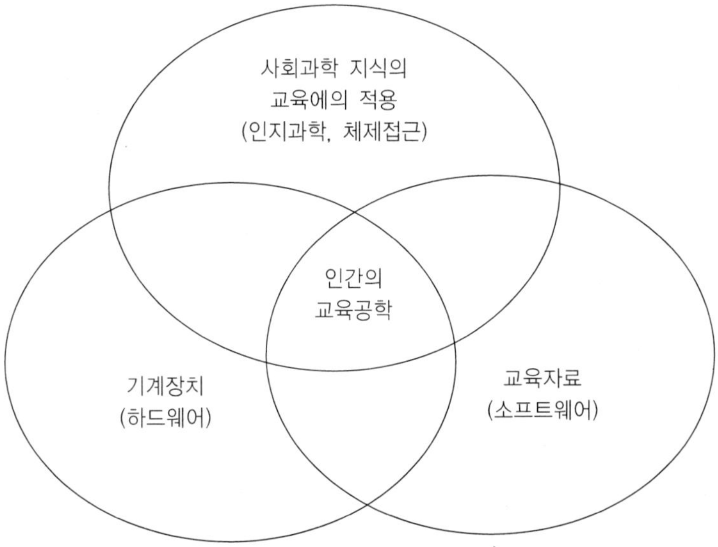

그림 3.3 인간의 교육공학 : 완전한 적응(인간의 공학)

표 3.1 교육공학의 세 가지 의미

구분 / 개념	제 학자의 교육공학 개념	포함되는 영역	교육과 공학의 관계
교육에서의 공학	산물로서의 공학 자연과학적 개념 하드웨어로서의 공학 교수로서의 공학	하드웨어 소프트웨어	인간이 없는 공학
교육의 공학	과정으로서의 공학 행동과학적 개념 과학기술 응용 교육공학 소프트웨어로서의 공학 학습으로서의 공학	하드웨어 소프트웨어 사회과학 지식의 적용 (행동과학, 체제접근)	인간에게 도움을 주는 공학
인간의 교육공학	대안적 교육공학 인간적 교육공학	하드웨어 소프트웨어 사회과학 지식의 적용 (인지과학, 체제접근)	인간을 이해하는 공학

3.1.3 교육공학과 교수공학

(1) 교육공학

① 교육의 전 영역에 걸쳐서 발생할 수 있는 교육적인 문제의 해결을 위한 통합적이고 체제적인 과정이다.

② 효과적인 교수-학습을 위한 과정과 이를 지원하는 학습자원의 이론과 실제를 다룬다.

③ 설계, 개발, 활용, 관리, 평가의 다섯 개의 하위영역은 서로 상호보완적이다.

- 설계 영역 : 구체적인 교수목적을 달성하기 위해 다양한 방법과 전략을 기획
- 개발 영역 : 설계 영역에서 산출된 항목을 근거로 실제 활용할 수 있는 형태인 자료를 제작
- 활용 영역 : 학습을 위해 절차나 자원을 사용하는 방법
- 관리 영역 : 교육공학의 과정과 결과를 운영 조절하는 기능
- 평가 영역 : 목표, 과제, 절차, 프로그램, 산출물의 효과 또는 가치를 결정하는 기능

(2) 교수공학

교육공학의 하위개념이다.

학습이 계획되고 통제되는 상황에서 발생하는 문제의 해결과 학습목표의 성취를 위해 통합적이고 체제적으로 접근하는 과정이다.

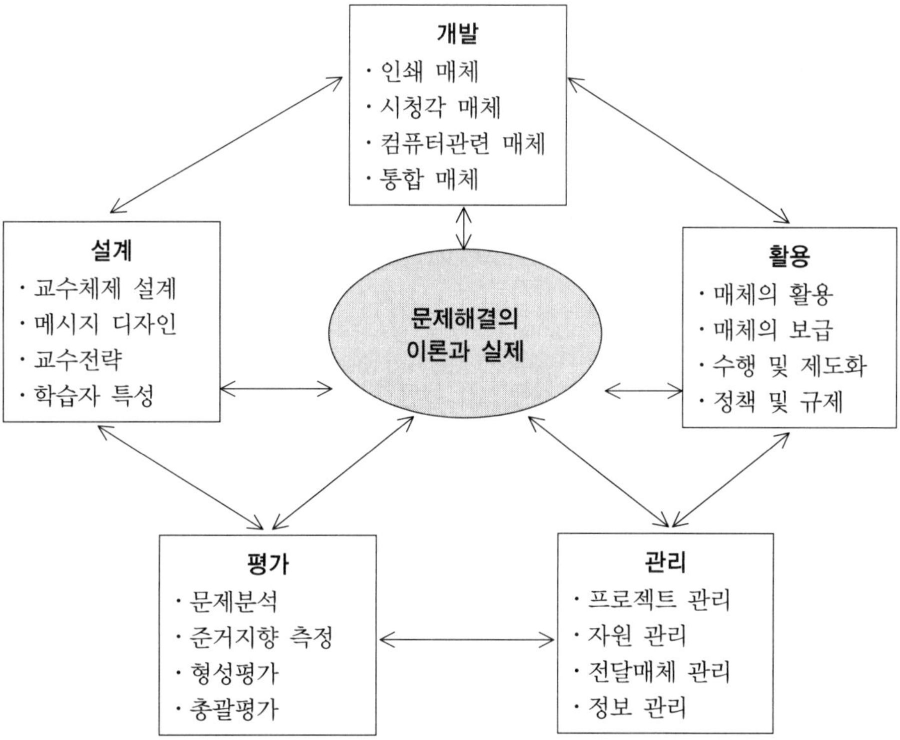

그림 3.4 인간의 교육공학의 영역 및 관리(Seels & Richey, 1994)

〈교수공학의 영역〉

교수공학

① 교수관리 기능
- 조직관리
- 인사관리

② 교수개발 기능
- 연구
- 고안
- 제작
- 평가
- 지원체제 활용

③ 교수체제 구성요소
- 학습내용
- 교재
- 기계장치
- 기술
- 시설환경

3.2 교육공학의 발달사

시각 교육 (1920년)	• 추상적 개념을 구체화하기 위하여 시각자료를 보조물로 사용 • 학습에 도움이 되는 모든 그림, 모형, 사물, 장치를 의미 • 호반(Hoban)의 교과과정의 시각화 이론
↓	
시청각 교육 (1940년)	• 시청각 매체를 이용하여 학습내용을 효과적으로 전달 • 데일(Dale)의 경험의 원추 이론 • 올센(Olsen)의 대리적 학습 경험 이론 • 킨더(Kinder)의 지적 과정이론
↓	
시청각 통신 (1960)	• 매체뿐만 아니라 의사소통 과정의 모든 요소를 고려 • 베로우(Berlo)의 S-M-C-R 모형 • 쉐논(Schannon)과 슈람(Schramm)의 커뮤니케이션 모델
↓	
교육공학 (1970)	

3.2.1 시각교육

(1) 개념

추상적 개념을 구체화하기 위하여 시각자료를 보조물로 사용한다. 학습자의 바람직한 태도와 학습활동에 대한 흥미 유발을 위해 제공되는 모든 그림, 모형, 사물, 장치를 의미한다.

(2) 호반(Hoban)의 교과과정의 시각화 이론

① 교육의 목적이 지적 경험을 일반화시키는 데 있다고 보았다.

② 경험의 일반화를 위해서는 언어만으로 부족하므로, 언어(추상적)와 경험(구체적)의 접목을 강조하였다.

③ 학습이 쉽게 이루어지기 위해서는 구체적인 것을 먼저 제시하고 차츰 추상적인 것을 제시하여야 한다.

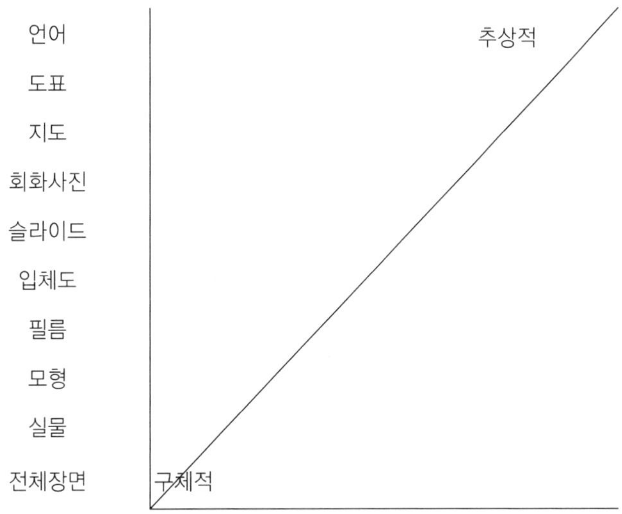

그림 3.5 호반(Hoban)의 교과과정의 시각화

3.2.2 시청각 교육

(1) 개념

다양한 시청각 매체를 이용하여 학습자의 감각기관, 특히 눈과 귀를 통해 학습내용을 효과적으로 전달하는 것을 말한다.

(2) 데일(Dale)의 경험의 원추 이론

① 특성

- 호반(Hoban)의 모델을 더욱 포괄적으로 분류하고 체계화하여 제시하였다.
- 원추의 아래부터 위로 올라갈수록 추상성이 높아지며, 아래로 내려올수록 구체성을 드러내고 있다.
- 브루너(Bruner)의 개념 이해의 과정과 비슷한 형태를 보인다.

② 각 단계별 요점

- 직접적 · 의도된 경험 : 보고, 듣고, 맛보고, 느끼고, 냄새 맡는 등 감각을 통한 직접 경험
- 고안된 경험 : 직접 경험의 공간적 한계 극복 및 실물의 복잡성을 단순화 시킨 경험

  예 지구에 대한 이해를 위해 '지구의'를 가지고 학습

- 극화된 경험 : 극화된 경험을 통해 지나가버린 사상이나 사건에 대한 경험을 함
- 연시(시범) 경험 : 사진, 그림, 동작 등을 통해 그 경험을 보여줌

  예 미술교사가 물감을 적절히 사용하여 다양한 색깔을 내는 것을 보여줌, 음악교사가 피아노 위에서 특별한 코드가 어떻게 쓰이는지를 보여줌
- 견학 : 그 일이 일어나는 곳을 직접 가서 보고 경험함
- 전시 : 전시된 것을 통해 관찰하며 배움

  예 그림전시, 사진전시, 책전시, 필름전시, 포스터전시 등
- TV, 영화 : 다양한 사건이나 현상에 대해 보고 듣는 경험을 제공
- 청사진, 라디오, 녹음 : 간접적인 방법을 통한 경험
- 시각기호 : 아주 추상적인 표현을 다룸

  예 칠판, 지도, 도표, 차트 등
- 언어기호 : 언어적 기호를 통해 경험이 이루어짐

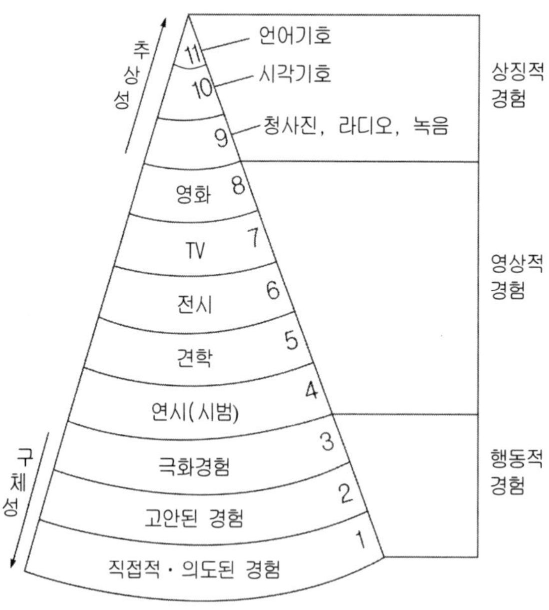

그림 3.6 데일(Dale)의 경험의 원추

표 3.2 브루너(Bruner)의 경험의 분류

브루너(Bruner)의 분류	의미	데일(Dale)의 분류
직접 경험	학습자의 감각기관을 활용해 행하는 경험 예 수영을 직접 함으로써 수영을 학습	행동적 경험
영상 경험	그림이나 화면을 통한 간접 경험 예 그림, 필름, TV를 통한 학습	영상적 경험
추상적(기호) 경험	글을 통한 경험 예 책이나 설명을 통해 수영하는 요령을 학습	상징적 경험

③ 학교교육에 주는 시사점

- 경험의 원추에 나타난 모든 구분이 학습자의 연령과 관련되어 있다.
- 학습자가 원추의 상단의 매체를 통해 학습할 수 있게 되면 학습시간이 보다 짧게 압축되어 효율적이다.
- 연령이나 지식의 정도가 중간정도인 학습자에게는 느리지만 확실한 학습을 보장받기 위해 원추의 하단매체를 이용하는 것이 바람직하다.

④ 문제점

- 직접 경험이 간접 경험에 비해 항상 효과적이라는 실용주의적 견해를 취함으로써 매체의 교육적 기능을 약화시키고 있다.
- 매체에 담겨지는 메시지의 내용과 방식에 따라 학습자에게 주는 의미가 달라질 수 있음을 무시한 교사중심적 분류방식이다.

(3) 올센(Olsen)의 대리적 학습 경험 이론

① 특성

학습 경험을 세 가지 측면으로 구분하였다.

시청각 자료에 의한 경험을 대리적인 경험으로 보고 학습 상 매우 중요시했다.

② 학습 경험의 형태

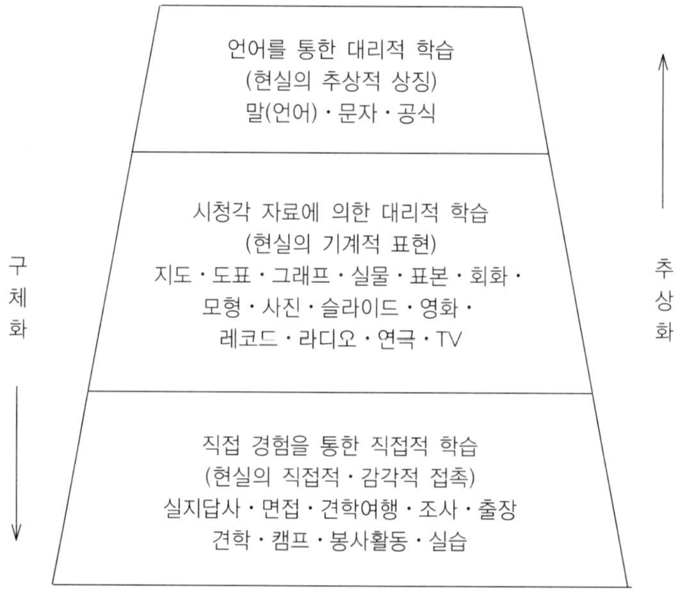

그림 3.7 올센(Olsen)의 대리적 학습 경험

③ 시청각 자료의 가치

- 산 경험을 준다.
- 복잡한 자료를 단순하게 해서 제공한다.
- 지리적으로 먼 광경이나 사건을 감성화한다.
- 과거의 현상을 현실화한다.
- 시간의 경제화가 가능하다.

④ 시청각 자료 이용시의 유의점

시청각 자료는 교육의 대용물이 아닌 학습지도를 위한 보조물로서 이용되어야 한다. 선택된 시청각 자료는 교육목표를 달성하기 위한 최대한의 것임을 확신해야 한다.

⑤ 시청각 자료의 이용방법

시청각 자료나 설비는 교육목표에 비추어 주의 깊게 선택한다. 교사는 수많은 종류의 자료가 가지는 특수한 기능에 대해서 충분히 이해해야 한다. 자료를 이용하는 학습자의 발달단계에 따라 적절한 것을 선택하여 이용한다. 시청각 자료를 단지 보여주는 데 그치지 않고, 명확한 교육목표 달성을 위해 효과적으로 통합하여 이용한다. 또한, 자료의 기능이나 효과에 대한 이해, 평가 혹은 그 조작에 대하여 사전에 철저한 계획과 준비를 하여 둔다.

(4) 킨더(Kinder)의 지적 과정의 이론

① 특성

- 시청각 교육의 기능을 지식획득이 용이하게 해주는 학습 경험을 제공하는데 있다.
- 아동의 심리적 발달단계와 관련시켜 시청각 교재를 설명하려고 시도하였다.
- 지식획득은 구체적·직접적 이해단계로부터 출발하여 상징적이며 간접적인 이해단계를 거쳐 이루어진다.
- 지적발달은 '감각→지각→기억→상상→비교→개념→추리'와 같은 사고의 단계를 거쳐 발전한다.

② 시청각 자료의 실제적인 가치

- 학생들의 한정된 경험의 한계를 극복한다.
- 교실의 시간적·공간적 제한을 극복한다.
- 학생과 사회 환경과의 상호 접촉을 가능하게 한다.
- 지각적인 경험의 통일을 가지게 한다.
- 올바르고 현실적인 최초의 개념을 제공한다.
- 새로운 의욕과 흥미를 일으키는 동기를 제공한다.
- 학습의 경제화, 능률화를 가능하게 한다.
- 구체로부터 추상에 이르는 동안에 경험을 통합시킨다.

③ 시청각 자료 이용시의 유의점

- 각 자료의 기능에 따라 종합적으로 이용한다.
- 동시에 지나친 자료의 사용은 피한다.
- 면밀한 사전의 준비와 사후의 평가가 이루어져야 한다.
- 학습계획과 관련하여 종합적으로 이용하도록 하여야 한다.
- 학생은 적극적인 참여자가 되어야 하므로 학생들의 반응을 정확히 파악하여야 한다.
- 전시나 연시는 적극적인 입장에서 사용해야 한다.

(5) 시청각 교육의 한계

- 시청각 매체를 개발하는 과정보다 매체의 활용을 더 강조하였다.
- 시청각 매체를 교수 - 학습의 보조물로만 인식하였다.
- 교사 중심의 매체 선택과 활용에 주안점을 두었다.
- 학습 경험을 학습내용의 추상성과 구체성의 관계로 파악하였다.
- 시청각 매체의 속성에 대한 연구보다는 매체들의 효과성을 비교하였다.

3.2.3 시청각 통신

(1) 개념

학습과정을 통제하는 메시지의 고안과 사용을 강조하는 교육이론과 실천의 한 분야이다.

매체뿐만 아니라 시청각적 제시방법에 관한 모든 것, 즉 의사소통 과정의 모든 요소에 관심을 가진다.

(2) 베로우(Berlo)의 S-M-C-R 모형

① 특징

- 인간 상호간의 효과적인 의사전달을 위하여 커뮤니케이션 과정을 분석한 것이다.
- 교사가 갖는 시간의 거의 전부를 커뮤니케이션 과정을 통해 이해해야 한다.

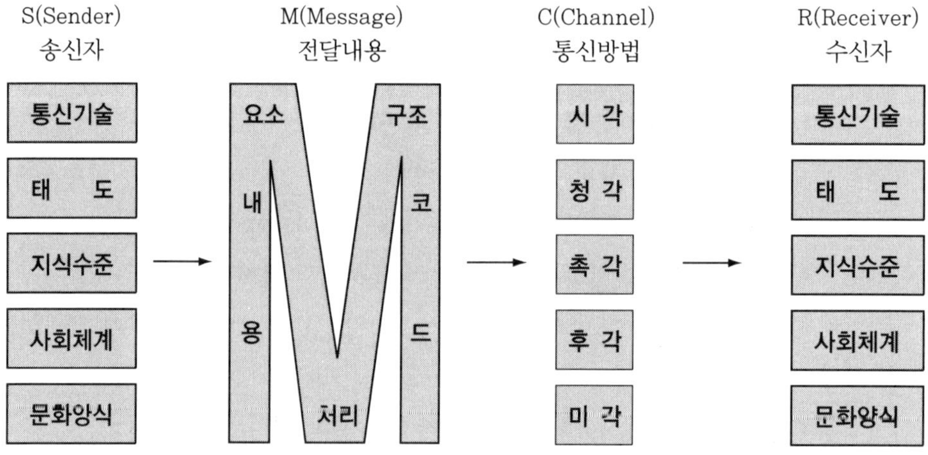

그림 3.8 베로우(Berlo)의 S-M-C-R 모형

② 커뮤니케이션 과정 설명

㉠ 송신자(Sender) : 내용을 보내는 사람

- 통신기술 : 교실 내에서의 모든 시청각 기자재 · 교재의 취급이나 방법 등의 커뮤니케이션 기술
- 태도 : 송신자 자신, 송신내용, 수신자에 대한 태도를 의미. 적극적 또는 소극적인 태도
- 지식수준 : 주제에 대하여 알고 있는 정도와 효과적으로 전달하기 위한 방법
- 사회체제 : 송신자가 속해 있는 현재의 사회제도, 권위 등
- 문화양식 : 송신자가 속해 있는 사회, 풍속, 종교 등

㉡ 기호화(Encode) : 수신자에게 전달하고자 하는 사고내용을 기호화한 것

㉢ 메시지(Message) : 송신자가 전달하고자 하는 기호화된 사고내용을 구성하고 조직화 한 것

㉣ 채널(Chanel)

- 메시지를 담는 용기로 정보를 운반하는 매개체를 의미
- 채널선택은 커뮤니케이션 목적과의 부합, 가능성, 내용과의 부합 등과 관계가 있음
- 어떤 종류의 매체를 선택하여 사용함이 가장 효과적인가를 고려하여 결정

㉤ 해독(Decode) : 송신자가 보낸 메시지를 수신자가 받아들이는 과정

㉥ 수신자(Receiver) : 내용을 받는 사람

㉦ 피드백(Feedback) : 자기교정적인 특성이 있는 것으로, 과거의 성취결과를 다시 투입하여 그 체제를 조절하는 방법

(3) 쉐논(Schannon)과 슈람(Schramm)의 커뮤니케이션 모델

① 특징

- 송신자의 경험의 장과 수신자의 경험의 장을 중복시킨 커뮤니케이션 모델이다.
- 효과적인 학습을 위해 교수자와 학습자의 공통된 장과 피드백의 활용, 그리고 소음(noise)의 제거가 중요시된다.

② 커뮤니케이션 과정

㉠ 경험의 장

- 개인이 지각하고, 인식하고, 통신하는 모든 사건

• 언어 · 문화적 배경 · 교육 등

• 통신은 송신자의 경험과 수신자의 경험이 중복된 영역 안에서 발생

ⓛ 송신자 : 무엇인가를 통신하기 원하는 사람으로서, 교육에서는 흔히 교사가 됨

ⓒ 메시지 : 송신자가 전달하기를 원하는 생각

ⓡ 채널 : 메시지를 나르는 수송수단

ⓜ 잡음

• 메시지의 전달을 방해하는 모든 것들인 외부의 잡음

• 관련없는 소리 등의 외면적인 것과 과거의 경험이나 지식 또는 관련없는 공상 등의 내면적인 것이 있음

ⓑ 수신자

• 통신과정의 대상이 되는 사람

• 송신자는 피드백을 통해 수신자와 통신과정이 성공적으로 이루어졌는가에 대한 정보를 획득

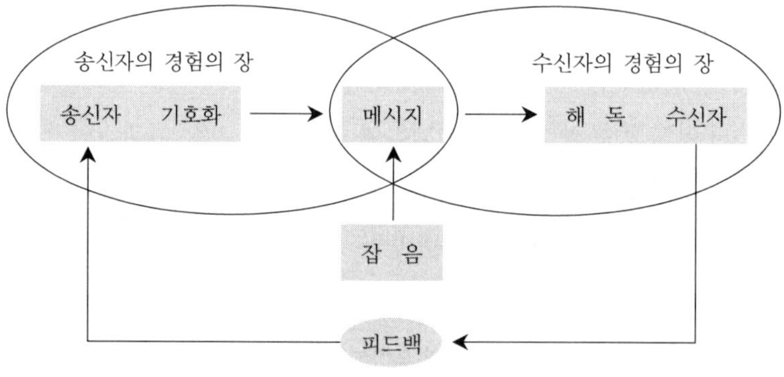

그림 3.9 쉐논(Schannon)과 슈람(Schramm)의 커뮤니케이션 모델

(4) 의사소통의 장애요인

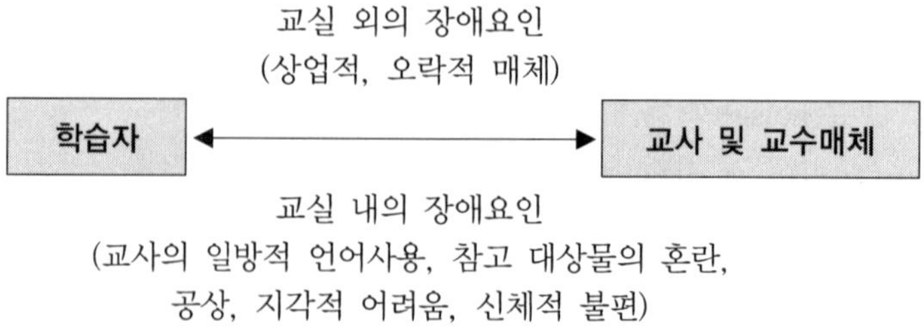

3.3 교수매체

3.3.1 교수매체의 이해

(1) 개념

교수 - 학습 과정에 있어 교사와 학습자간에 의사소통이 발생하도록 도와주는 다양한 형태의 매개수단과 제반 체제를 총괄적으로 의미한다.

예 필름, TV, 도표, 컴퓨터 교사 등과 같은 모든 형태의 의사소통 도구

(2) 특성

① 교수매체를 통해 정보가 전달되므로 학습자는 의식적·무의식적으로 학습이 이루어진다.

② 학습에 참여한 사람들 간에 의사소통을 촉진시킨다.

③ 흥미유발과 학습자의 적극적인 학습활동으로 기억에 오래 남는 학습을 가능하게 한다.

④ 어느정도 공통된 경험을 각 학습자에게 제공한다.

⑤ 교수매체의 활용에 따라 다양한 수업기법이 개발될 수 있다.

(3) 역사적 배경

① 코메니우스(Comenius)의 「세계도회」

- 라틴어를 쉽게 가르치기 위해 제작한 최초의 그림책을 제작하였다.
- 교과서에 그림을 넣게 하는 데 선구적인 역할을 했다.

② 페스탈로치(Pestalozzi)의 실물교수

- 세어보기, 측정하기, 느끼기, 만지기 등과 같은 조작적 경험에 의한 학습이 가장 바람직하다.
- 실제 경험과 직결되는 학습을 강조하였다.

③ 프뢰벨(Froebel)의 은물

- 아동의 정신능력이 자기표현을 통하여 개발되려면 놀이자료의 활용이 필요하다.

- 은물은 체계적이고 조직적인 면에서 최초의 교육적 놀이감으로 간주된다.

④ 몬테소리(Montessori)의 교구

- 유아교육은 감각을 통해 이루어질 때 효과적이다.
- 감각기관을 자극할 수 있는 교구를 개발하여 사용하였다.

(4) 기능

① **매개적 보조기능** : 교사가 학습자를 가르칠 때 수업의 수단으로 매체를 사용한다.

- 의사소통 원할
- 학습 소요시간 절약
- 동일한 학습 경험으로 교수활동 표준화
- 주의집중(명료한 메시지, 변화있는 영상의 전개, 컬러, 특수효과)
- 동기유발
- 적극적인 학습태도

② **정보전달 기능** : 교사가 학습자에게 필요한 내용을 전달하기위해 매체를 사용한다.

- 시 · 공간을 초월해서 지식이나 정보 전달
- 학습자는 다감각적으로 정보수용

③ **학습 경험 구성 기능** : 학습자가 매체를 활용함으로써 다양한 학습 경험을 갖게 해 준다.

예 기술 · 기능교육을 위한 타자기, 피아노, 사진기를 사용하는 것

④ **교수 기능** : 매체를 효과적으로 구성 · 활용하여 학습자의 지적 기능을 개발시킨다.

- 학습자로 하여금 매체로부터 전달되는 정보를 지각하게 한다.
- 학습자의 인지구조에 적합하게 변형시켜 인식하게 한다.
- 인식된 것을 표현하도록 함으로써 학습자의 지적 기능을 개발시킬 수 있다.

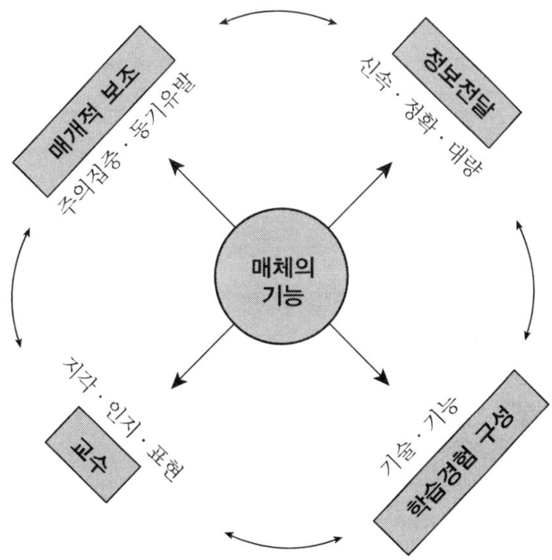

그림 3.10 교수매체의 기능

3.3.2 교수매체의 활용

(1) 종류

시각매체		시청각매체	상호작용매체
비 투사매체	투사매체		
실물 모형 표본 디오라마 교과서, 인쇄자료 실물정화 청사진 융판 칠판 시뮬레이션	OHP 슬라이드 필름 스트립 (Film Strips) 실물화상기	TV VCR 영화 교육방송	컴퓨터

(2) 선정기준

① **적절성** : 목표를 달성하기 위해 적절한 수단이 되는 매체를 선정한다.

② 난이도 : 학습자의 발달수준에 적합한 매체를 선정한다.

③ 경제성 : 학습의 효율이나 능률이 그 비용에 상응하는 매체를 선정한다.

④ 이용가능도 : 필요할 때 언제나 이용할 수 있는 매체를 선정한다.

⑤ 질적 양호성 : 기본적인 의사소통 능력의 수준이 높은 매체를 선정한다.

예 잘 보이는 것, 잘 들리는 것, 잘 읽을 수 있는 것 등

(3) 체계적인 활용 과정 : ASSURE 모형

학습자 분석 (A ; Analyze learners)	학습의 주체인 학습자의 조건을 파악하는 과정 학습자 특성, 출발적 특성, 특정교과능력, 학습스타일의 분석
↓	
목표 진술 (S ; State objectives)	개별 학습자가 도달하도록 기대되는 최종 도착점 교육내용, 교수－학습 전략, 매체를 선정하는 지침을 제공함 가능한 자세하고 명확하고 구체적으로 제시
↓	
매체와 학습자료 선정 (S ; Select media and materials)	목표달성과 내용의 효과적인 전달에 도움을 주는 매체 선정 학습환경 하에서 학습이 진행될 것인지 파악한 후 매체 선정
↓	
학습자료 및 매체의 활용 (U ; Utilize materials)	선정된 매체를 실제로 활용하는 과정 지정된 장소에서 미리 시연해 본 후 자료의 상태 점검 → 어떤 순서로 제시할 것인지 결정 → 주변환경 정비 → 학습자의 주의집중을 위해 학습내용과 매체에 대해 미리 설명
↓	
학습자 참여요구 (R ; Require learner performance)	학습의 중점 및 관점에 대해 사전에 설명하여 동기유발시킴 학습에 적극적으로 참여할 수 있는 방안을 강구함 예 매체활용 도중 질문, 활용 후의 토의, 감상문 작성 등
↓	
학습결과의 평가 및 수정 (E ; Evaluate)	학습이 끝난 후 결과를 평가하여 이후의 의사결정을 위한 자료로 삼음 목표달성, 매체선정의 효과, 교수－학습 과정의 평가 등

(4) 학습유형별 매체 선택

학습유형	매체 선택	대표적인 예	제외되어야 할 매체
언어 정보	언어적 메시지와 정교화 된 내용전달이 가능한 매체 난독자를 위한 시청각 자료	인쇄물, 사진, 오디오 자료, 멀티미디어 프리젠테이션 등	실물이나 시뮬레이터
지적 기능	학습자의 반응에 대한 피드백 제공을 위한 매체 난독자를 위한 시청각 자료	컴퓨터 보조 수업(CAI), 웹기반 수업, 교사, 멀티미디어 프리젠테이션 등	상호작용 피드백 기능이 없는 매체 난독자를 대상을 한 인쇄물
인지 전략	지적 기능과 동일한 매체	지적 기능과 동일	지적 기능과 동일
운동 기능	직접적 실습과 교정적 피드백을 줄 수 있는 매체	동화상, 멀티미디어, 실물(운동도구) 등	학습자의 실습과 피드백 기능이 없는 매체
태도	실제적 인간 모델과 메시지를 제시할 수 있는 매체	영화, 토론방, 실연, 연극 등	언어정보와 동일

3.3.3 비 투사적 매체

(1) 실물

장점	단점
· 자연상태에서의 관찰 가능 · 구체적, 직접적, 입체적 · 직접 경험을 통한 확인 및 조사 가능 · 생생한 매체를 실생활과 직접 결부시킴 · 이용하는 다른 매체기구의 도움이 필요없음 · 종합적인 수업매체임	· 시간적 제한성 예 계절, 시간, 지역사회에 따른 실물 · 이동상의 제한이 있음 예 큰 매체, 고정된 매체

(2) 모형

① 의미

- 실물과 흡사한 입체적 교수매체로서 실물의 단점을 보완하기 위한 매체이다.
- 실물이 지나치게 크거나 직접 볼 수 없을 때 만든다.

② 특성

- 입체적이다.
- 실물의 특징이나 중요한 점을 부각시킨다.
- 확대나 축소를 통해 쉽게 지각하게 한다.
- 실물을 통해서는 할 수 없는 활동이 가능하다.

(3) 표본

① 의미

- 실물의 일종에 속한다.
- 실물의 모습을 그대로 유지하면서 학습의 편의를 위해 가공을 하여 보관해 놓은 매체이다.

② 장 · 단점

장점	단점
· 학습자의 흥미유발 · 시각적 욕구충족 · 직접 방문하지 않고 관찰 가능 · 비슷한 식물 간에 비교 가능	· 관찰시간의 낭비 · 원상태 그대로의 내부관찰은 불가능 · 생명력이 없어 움직임을 관찰할 수 없음

(4) 디오라마(diorama)

- 현실의 전경을 축소 확대한 모형들의 입체적 전시물이다.
- 강한 현실감으로 특히 아동들의 흥미를 유발시키는 데 효과적이다.

(5) 교과서 · 인쇄자료

- 학교교육에서 가장 큰 비중을 차지하는 매체이다.
- 효과적으로 활용하기 위해서는 다른 시청각적 자료와 잘 통합해서 사용하도록 해야 한다.

(6) 실물정화

① 의미 : 사진, 스케치, 만화, 벽화, 신문이나 잡지에서 오려낸 그림매체이다.

예 그림, 도표, 그래프, 지도 등

② 장 · 단점

장점	단점
· 추상적인 자료를 구체적 형태로 표현 · 손쉽게 구할 수 있어 비용이 적게 듦 · 사용이 쉬우며 자작으로 제작이 가능 · 학년이나 교과목에 제한받지 않고 다양하게 사용	· 평면적이고 정적임 · 그룹에서 사용하기엔 크기가 너무 작음

(7) 융판

① 의미

- 베니어판이나 카드보드에 융을 덮어 씌워 만든 판이다.
- 융판 위에 다양한 자료를 붙였다 떼었다 함으로써 학습자료를 비교적 융통성 있게 제시할 수 있다.

② 특성

- 제작과 활용이 간단한 시각자료이다.
- 학습의 효과 및 주의집중을 높일 수 있다.

③ 유의점

자료 준비시의 유의점	자료 활용시의 유의점
· 자료 뒤에 붙이는 접착제의 접착성 고려 · 크기에 유의하여 제작 · 융판의 색을 고려해야 함 · 자료는 순서대로 정리하여 둠	· 융판의 높이는 학습자의 눈높이와 맞춤 · 제시한 내용이 잘 보이도록 위치와 실내 밝기 조절 · 한꺼번에 너무 많은 자료를 제시하지 않음

(8) 칠판

① 장 · 단점

장점	단점
· 별도의 준비 없이 거의 모든 강의실에서 쉽게 이용 가능	· 영구적인 기록이 필요한 상황에는 부적당 · 학습자가 필기를 하지 않으면 똑같은 자료를 얻을 수 없음

② 활용법

- 주의집중을 돕기 위해 깨끗이 정리한다.
- 색상조절 효과와 강조 효과를 위해 색분필을 사용한다.
- 주의력 유지를 위한 글자 및 그림크기를 조절한다.
- 주의력 유지를 위해 교사의 위치를 잘 조절한다.

(9) 시뮬레이션(Simulation)

① 의미 : 실제생활과 관계된 상황이나 과정을 단순하거나 추상적인 방법으로 재생시켜 놓은 것이다.

② 특성

- 실제로 행동하고 경험할 수 있다.
- 학습자의 높은 흥미를 유지시킨다.
- 경우에 따라 학습시간을 압축할 수 있다.
- 실제로 경험하기 힘든 학습의 시도가 가능하다.

③ 적용 및 유의점

적용	활용상 주의점
· 일반적으로 지적인 학습목표 도달에 쓰임 · 흥미없는 과목의 학습동기 유발을 위해 적용 · 복잡한 기능을 훈련할 때 효과적임	· 좋은 자료를 바탕으로 활용 · 활용방법에 대한 깊이 있는 연구 필요 · 지나치게 비싸거나 시간이 많이 걸리는 것은 피함

3.3.4 투사매체

(1) 슬라이드

① 의미 : 한 번에 한 장씩 투사하도록 고안된 필름이다.

② 장 · 단점

장점	단점
· 한 프레임씩 제작되므로 순서의 조작 가능 · 사진기의 발달로 질 좋은 사진이 가능 · 자동화면 조절기가 달린 슬라이드는 영사화면을 자동으로 바꾸어 줌 · 필름스트립에 비해 상이 크고 질이 좋음 · 필요한 경우 상업용 자료를 구비할 수 있음 · 첨단 슬라이드 제작기법의 확대로 제작이 점점 더 쉬워짐	· 필름의 순서가 바뀌거나 거꾸로 비추어질 수 있음 · 암막장치가 필요 · 필름스트립에 비해 제작비가 더 소요 · 필름을 현상할 때까지 시간 소요 · 특별히 보고 싶은 부분을 빠르게 찾기가 어려움

③ 활용법

- 원거리 자동조절장치를 사용하여 교사와 학생의 상호작용을 증대시킨다.
- 슬라이드 순서가 정확한지, 영사화면이 올바른지 반드시 미리 확인해야 한다.
- 부가설명으로 인해 필요한 메모나 노트가 있다면 별도의 빛을 준비해야 한다.

(2) 필름 스트립(Film Strips)

① 의미

- 일련의 청사진이 담긴 두루마리 35mm 필름을 의미한다.
- 1960년 이전에는 대부분의 필름 스트립이 무성으로 되어 있었다.
- 최근에는 카세트테이프 녹음기가 부착되어 화면과 동시에 해설이 제공된다.

② 장 · 단점

장점	단점
· 하나의 두루마리로 되어 있어 다루기가 편리 · 연속적인 학습내용 제시에 효과적 · 영사시 순서가 뒤바뀔 우려가 없음 · 슬라이드에 비해 제작단가가 저렴함 · 대량 제작시에 더욱 저렴해짐 · 사용자가 속도의 조절이 가능	· 화면의 제시순서를 임의로 수정 할 수 없음 · 주의하지 않으면 필름을 환등기에 넣을 때 파손되기가 쉬움 · 교사가 자작해서 쓰기 어려움

(3) OHP(Over Head Projector)

① 의미 : TP(transparency)자료를 학습자 머리위로 투사하여 활용하는 교수매체이다.

② 장 · 단점

장점	단점
· 밝은 장소에서도 사용 가능 · 학습자를 보면서 수업을 진행할 수 있음 · 가까운 거리에서 사용가능 · 제작이 간단하고 제작비 저렴 · 사용방법이 다양하여 융통적인 수업 진행 · 조작이 간단 · 자료 관리가 간편	· 다른 시청각 자료에 비해 교사의 재량에 크게 좌우됨 · 개별적인 학습에는 부적당

③ 활용법

- 진행될 강의의 개요를 투시하고 강의를 시작한다.
- TP 위에 꼭 필요한 사항만 첨가 표시하고 낙서가 되지 않도록 주의한다.
- 필름을 바꿀 때는 OHP의 스위치를 끄고, 학습자의 주의를 교사에게로 집중시킨다.
- 필요한 메모나 노트는 TP 위에 간단히 기록한다.
- 필름 위에 적혀진 내용을 그대로 읽는 것은 절대 하지 않는다.

④ TP자료의 제작시 유의점

- 자료를 가로형태로 디자인하는 것이 보는 사람에게 더 편안하다.
- 시문자보다는 도표, 그래프, 차트 등의 시각자료를 제시하는 편이 더 좋다.
- 한 화면에는 하나의 아이디어를 표현하는 것이 바람직하다.
- 한 줄 당 여섯 단어, TP한 장 당 여섯 줄 이내로 용어사용을 제한한다.
- 주제 단어는 학습자의 기억을 돕도록 자료의 위쪽에 제목으로 이용하는 것이 효과적이다.
- 글자는 읽기에 명료해야 하므로 적어도 크기가 0.5cm이상이어야 한다.
- 복잡한 아이디어를 설명할 때에는 기본 TP 위에 계속적으로 정보를 추가하는 겹치기법을 활용한다.

(4) 실물환등기

① 의미 : 이미 가지고 있는 사진, 그림, 또는 다른 입체적인 사물을 투사해서 크게 제시할 수 있도록 고안된 매체이다.

② 장 · 단점

장점	단점
· 어떤 자료라도 크기와 두께만 적절하면 사용가능	· 기계가 무겁고 다루기 어려움 · 아주 강한 빛으로 인해 매우 뜨거운 열이 나오므로 주의해야 함

3.3.5 시청각 매체

(1) 의미

정보를 전달하기 위해 시각과 청각이 함께 사용되는 매체이다.

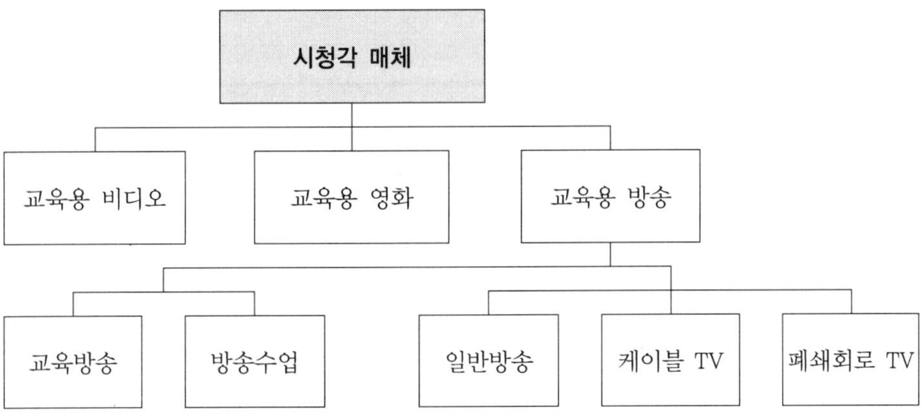

그림 3.11 시청각 매체의 종류

(2) 시청각 매체의 특성

① **녹화와 시청의 즉시성** : 시청각 매체를 사용할 수 있는 준비만 되어 있으면 언제라도 제작할 수 있으며, 제작된 내용을 바로 사용할 수 있다.

② **내용 표현방식의 다양성** : 시청각 매체는 다양한 형태의 정보를 처리할 수 있다.
예 사진, 동영상, 소리, 만화 등

③ 반복사용이 가능하다.

④ 사실적이다.

⑤ **교수 – 학습내용의 표준화** : 정보를 아주 구체적으로 제시할 수 있으므로 교수자에 따른 개인차를 줄일 수 있다.

⑥ **개별적 수업 – 학습을 위한 활용** : 교수자 없이 실시되는 개별적 학습을 위해서 사용된다.

(3) 장 · 단점

장점	단점
· 연속동작의 구체적 제시를 통한 운동기능의 학습에 유리 · 계열성이 중요시되는 과정의 제시에 적절 · 안전한 관찰 · 극적 재연출이 가능 · 생생한 현장의 모습을 그대로 보여줌 · 정의적 영역의 학습이 가능 · 함께 공유할 수 있는 경험이 생김 · 다른 문화권의 이해에 도움	· 순서의 고정 · 근본적인 원리의 설명과 이해 없이 어떤 현상을 보여주면 *오개념 형성 가능 · 소프트웨어와 하드웨어가 비교적 비싼 편 · 개발과 보급에 제한적

***오개념** : 기존에 자기가 가지고 있는 다른 상황에 대한 이해나 주어진 다른 상황적 변인에 의해 잘 못 이해하여 가지게 되는 개념

(4) TV

장점	유의점
· 동적 학습내용 전달에 유리 · 시공의 극복 · 정서적인 분위기 조장 수업에 효과적	· TV 프로그램에서 제시되는 정보를 수용할 수 있도록 학습자 준비시키기 · 교사는 시청에 방해가 되는 행동 자제 예 시청 중에 보충설명, 판서 등 · 시청 후 내용을 강화시킬 수 있는 기회 제공사후 토론을 통해 *교정 피드백 제공

***교정 피드백** : 교사와 학습자 간의 상호작용을 통해 학습자의 바람직하지 않은 반응을 수정해 주는 것

(5) VCR(Video Cassette-Tape Recorder)

① **의미** : 비디오 카세트 테입을 재생시키는 장치로 교육현장에서의 사용이 점차 증가하고 있는 시청각 매체이다.

② VCR의 장 · 단점

장점	단점
· 비교적 쉬운 제작 및 활용 · 녹화한 자료의 즉시시청, 반복시청 가능 · 고속전진 및 후진을 이용한 탐색 가능 · 비디오 테입의 보관이 간편하고 용이함 · 테입은 반복녹화 및 재생이 가능 · 복수 수상기를 사용하여 동시에 여러 장소에서 시청 가능 · 휴대용 녹화기로 어느 곳에서나 녹화가능	· 사용할수록 화질이 떨어짐 · 제한된 저장용량 · 원하는 부분을 찾기가 어려움 · 고장이 날 경우 전문가에게 의존 · 비디오 카세트 레코드 자체의 가격과 테입의 가격이 비교적 비싼 편 · 물리적 환경조성에 주의가 필요

③ 활용법

- 학습자의 학습활동들을 기록, 재생함으로써 학습자의 교정학습 및 심화학습을 통한 학습효과가 가능하다.
- 교사와 학생의 상호작용을 녹화한 후 살펴봄으로써 차시 수업의 개선책을 찾을 수 있다.
- 학습자의 개인차에 적합한 학습방법을 도모한다.
- 미리 녹화된 단원 학습을 여러 번 반복함으로써 확실한 기능의 숙달이 가능하다.

(6) 영화

장점	단점
· 동작을 포함한 개념과 의미의 효과적 표현 · 학습자의 흥미, 관심, 주의를 집중시킴 · 현실감 있는 생생한 표현 · 관찰하기 어려운 과정을 이해하기 쉽게 제시 · 시간적 · 공간적 제한을 극복	· 영화내용에 대해 무비판적으로 수용할 우려 · 잘못된 시간개념과 공간개념을 형성할 우려 · 제작과 관리에 비교적 경비가 많이 소모

(7) 교육방송

① 교육방송의 역사

세계 최초의 TV 방송	1936년 영국의 BBC(British Broadcasting Corporation)
세계 최초의 비영리 TV 교육방송	1953년 미국의 Houston대학의 KUHT-TV
우리나라 최초의 교육방송	1951년 6월 18일 부산에서 '라디오 학교' 시작
우리나라 최초의 TV 교육방송	1966년 TV 여름학교
우리나라 위성교육방송 실시	1997년 위성 1(고등학생), 2(유・초・중학생)

② 특성

장점	단점
· 발달 단계에 맞는 자극을 효과적으로 제시 · 사물의 단순화 및 특징적 묘사 · 학습자의 주의 집중도를 높이고 이해를 도움 · 사고의 폭을 넓힘 · 심미적 기능 · 흥미 중심의 분위기 속에서 자연스럽게 제시되는 지적 개념의 습득 예 화면의 빠른 전환, 다양한 앵글, 애니메이션, 특수촬영 기술 등 · 소수문화 출신 아동의 경우, 자신이 속한 문화와 지배문화간의 간격을 좁힐 수 있음	· 사고의 폭을 좁히고 창의력을 저하시킬 우려 예 일상적인 프로그램 구성, 배경의 단순화 · 언어 정보의 주의 집중력을 저하 · 문제해결에 대한 제한된 정보와 왜곡된 표현으로 지식과 정보의 편향을 가져올 우려 · 가족간에 고립화 현상 및 교육관계의 결핍 · 수동적이고 현실도피적 성향의 조장 · 비판력의 약화 · 무관심, 불안, 감각마비 등의 현상 우려

3.3.6 상호작용매체 : 컴퓨터 활용 매체

급속히 확산되고 있는 컴퓨터는 교육현장에서 매우 중요한 학습도구로 대두되고 있다. 컴퓨터 활용 매체는 학습내용은 물론 학습내용의 선정 및 조직 방법을 가르쳐 줄 수 있다.

표 3.3 컴퓨터 활용 매체

컴퓨터 활용 형태	의미
인터넷 활용 교육	인터넷을 기반으로 교사와 학습자가 의사소통을 하는 형태의 학습
멀티미디어	컴퓨터를 기본으로 하여 문자, 그림, 청각정보 등을 이용한 정보망을 만들고, 저장하고, 보내고, 재생하는 상호작용적인 통신체제
코스웨어	수업목표를 달성하기 위해서 개발된 소프트웨어

(1) 인터넷 활용 교육

① 인터넷의 본질

- 인터넷은 물리적인 망인 동시에 논리적인 망이다.
- 인터넷의 성격은 사용자에 의해 결정된다.
- 인터넷은 유동적이어서 계속적으로 진화한다.
- 인터넷은 누구에게나 언제 어디서든지 열려 있다.
- 인터넷은 다차원적이며 역동적인 체제이다.

② 인터넷의 교육적 효용성

- 바깥 세계와의 연결 : 전자우편, 전자게시판, 채팅 등과 같은 기능을 통해 외부와 상호작용이 가능하다.
- 생생한 정보의 제공 : 인터넷 자체가 가장 방대하면서도 다양한 정보차원이다.
- 전 세계인 대상의 전자출판 : 자신의 작품 등을 전 세계의 사람들에게 소개할 수 있다.
- 실세계의 문제해결 활동 참여 : 여러 전문가들이 수행하는 연구나 문제해결과정에 참여 할 수 있으며, 이를 통해 실제 과제를 수행하는 데 필요한 기술과 지식 및 문제해결 능력을 자연스럽게 획득할 수 있다.
- 협력학습 활동 참여 : 학급 동료는 물론 지역적으로 멀리 떨어져 있는 학생들과도 협동학습이나 토론이 가능하다.
- 학습공동체 형성 : 자료나 정보, 흥미 그리고 개인적인 접촉을 통해 상호 유대감 형성이 가능하다.
- 전문가와의 만남 : 대화방이나 전자우편 등을 통해 전문가들로부터 도움을 얻거나 도제관계를 맺을 수 있다.
- 동시적 또는 비동시적인 원격 수업 : 사이버 수업을 통해 생동감 있는 강의 시청 및 동시적 또는 비동시적인 질문을 하거나 개인적인 피드백을 제공받을 수 있다.

• 학습자 주도 학습 지원 : 인터넷 환경은 학습자가 주도하는 상호작용을 지원하고 촉진시킨다.

• 다양한 물적 · 인적 자원들과의 상호작용 : 정보획득의 효과 뿐 아니라 자신의 관심사를 전문가나 다른 학습자와 나눌 수 있다.

③ 인터넷 활용 수업의 특징

• 학습자 : 학습자의 역할이 증대되어 학습자 중심의 수업 상황이 창출됨

• 교사 : 학습자의 학습설계를 돕는 설계자, 즐기면서 배우는 사람, 평생 학습자

• 교육내용 : 교과서에 국한된 수업내용과 교과간의 비관련성은 인터넷을 활용함으로써 상당 부분 해소 가능

④ 장 · 단점

	장점	단점
학습자 측면	· 개인적으로 편리한 시간에 학습 가능 · 전자게시판 등을 통해 의견 제시 · 멀리 떨어져있는 학습자와 실시간 대화 가능 · 다양한 배경을 가진 사람들과 토론하므로 폭넓은 의견이나 관점을 나눌 수 있음 · 개인의 학습속도나 요구에 맞게 학습 가능 · 다양한 정보를 통한 흥미 유발 · 학습자의 동기를 부여 및 참여 권장 · 언제든지 원하는 정보의 검색 가능	· 동기가 부족한 경우 학습을 중단 할 수 있음 · 개인적인 일로 수업에 몰두하는 경우가 발생 · 인터넷을 통해 자신의 의견을 잘 표현하지 못해 질문이나 대화를 포기하기도 함 · 장비의 부족으로 참여하는 학생수가 제한되기도 함 · 학습자가 직접 체험할 수 있는 기회가 줄어듦 예 실험, 실습, 견학 등 · 통신비나 사이트 이용료 등의 부담 증가
교사 측면	· 자료를 전자 출판하는 것은 비용효과적임 · 자료를 수정, 보완하는 것이 용이 · 미리 만들어진 코스모듈에 강의내용을 연결하여 사용 가능 · 언제든지 학습자에게 피드백이 가능 · 온라인 퀴즈 등을 통해 성취도 평가 가능 · 교사간에 협력 활동이 가능	· 필요한 장비가 상대적으로 비쌈 · 새로운 교수방법과 절차를 익히는데 많은 시간이 요구됨 · 새로운 매체를 활용하기위한 교사교육이나 훈련이 제대로 이루어지지 않고 있음 · 멀티미디어 기술이 부족한 경우 속도가 느려 효과적인 학습이 이루어지지 않음 · 인터넷 활용 수업을 준비하는데 많은 시간이 소요

⑤ 대표적인 인터넷 활용 교수-학습 유형

	교수형(설명형)	탐구형	과제중심형	문제해결형	상황학습형	협력학습형	의사소통 중심형
학습 목표	· 개념 이해 · 사실적 지식 전달	· 추상적 개념	· 개념 · 기술 · 적용	· 문제해결과정(문제 분석 및 해결 능력) · 실제 과제를 해결하기 위해 개념 및 기술 적용	· 실제 생활에 전이될 수 있는 지식의 습득	· 타인과 협력하는 능력	· 의사소통 능력
학습의 개념	· 교사로부터 학생에게 지식을 전수하는 것	· 학습자 스스로 다양한 경험을 통해 지식을 탐구하는 것	· 의미있는 맥락에서 새로 배운 지식을 적용하는 것	· 실제 상황에서 구체적인 문제를 해결하는 과정과 결과 중요	· 지식을 그 지식이 사용되는 실제적인 맥락과 함께 터득하는 것	· 타인과 공유하고 협력하는 것	· 타인과 의견을 공유하고 토론하는 것 · 타인의 의견을 비판적으로 검토하는 것
교사의 역할	· 내용전문가 · 전달자 · 학습평가자	· 학습자로 하여금 학습 경험을 할 수 있는 환경 설계 및 조성	· 의미있는 과제 제공 · 학습자에게 과제 산출물을 발표하는 기회 제공	· 의미있는 문제 제시 · 문제해결을 유도하는 질문 제시 · 학습과정을 통제하고 촉진	· 지식이 사용되는 실제적인 맥락 속에서 학습이 이루어지도록 지원	· 협력 학습 과제 제공 · 아이디어를 공유하고 서로 협력할 수 있는 환경 조성	· 아이디어를 공유하고 서로 비판 할 수 있는 환경 조성
학생의 역할	· 배운 내용을 잘 기억하고 추출	· 학습활동에 능동적으로 참여	· 과제 수행을 위해 사전 지식과 새로운 지식을 통합하여 적용	· 문제를 정의하고, 해석하며, 전략 설정 · 문제해결을 위해 지식 적용	· 능동적으로 자신의 학습에 참여 · 배운 지식을 실제 생활에 전이	· 동료 학습자와 협력	· 자신, 그리고 타인의 의견을 비판적으로 성찰
인터넷의 역할	· 전달효과 향상 · 학습동기 유발 · 학습자 평가	· 아이디어 탐구 가능한 환경 지원	· 학습자가 과제를 완수하도록 도구 및 자원 제공	· 학습자가 주어진 문제를 해결하는 데 필요한 도구 및 자원 제공	· 지식이 사용되는 실제적인 맥락 조성	· 의사소통 지원 · 협력학습 환경 지원	· 의사소통 지원

⑥ 온라인 강의

- 일반적으로 학점을 이수하려는 학습자들을 대상으로 한다.
- 강의목적에 부합되는 교재를 기본적으로 사용한다.
- 강의의 목표를 달성하기 위하여 교재 내용을 교수 매체를 통하여 강의하거나 보충하는 제도를 마련하기도 한다.
- 온라인 강의에 활용되는 교수 매체 : 교재와 함께 오디오 테이프나 비디오 테이프가 공급되고, 텔레비젼이나 라디오를 통해서 수업내용이 방송되기도 한다.

표 3.4 컴퓨터 교내 온라인 강의와 원격 온라인 강의의 비교

	교내 온라인 강의	원격 온라인 강의
대 상	소속 대학교 재학생	일반인
거주지	협소	광의
학점 이수기간	한 학기	1년 이내
교수와의 대화	직접 면담	E-mail
과제 제출	인터넷, 우편, 직접	인터넷, 우편
수강자 상호작용	가능	불가능
강의 시작일	학기 초	수시
교수 매체	교재, 오디오 테이프, 비디오 테이프, CD-ROM, 편지, 전화, 인터넷	교내 자율학습 교수 매체, 순회 강사, 라디오, TV 방송, 인공위성 수신TV

⑦ 원격교육

- 컴퓨터 매체를 이용하여 멀리 떨어진 교수자와 학습자, 학습자와 학습자간에 상호작용이 이루어지는 교수-학습 형태이다.
- 교사와 학습자는 떨어진 공간에 위치하며 교수 매체를 통하여 의사소통을 한다.
- 원격교육의 기초가 되는 것은 학습자가 개별적으로 사용하는 교수 매체이다.
  예 인쇄자료, 음향, 영상자료, 컴퓨터 코스웨어 등
- 학습자와 교사가 직접 만나지는 않지만, 쌍방향 의사소통이 필수적으로 존재한다.
  예 각종 피드백, 면 대 면 출석강의, 전화/팩스 상담, 컴퓨터 통신을 통한 토론, 음성 또는 화상회의 시스템 등

- 다수를 대상으로 하면서도 사전에 계획되고, 준비된 교재를 통하여 개별학습이 이루어진다.
- 학습자는 책임감을 가지고 언제 어디서 어떻게 학습을 할지 스스로 결정해야 한다.
- 형식적인 교육과는 달리 각종 교재 개발과 학생지원서비스 등을 위한 물리적 · 인적 조직이 필요하다.

표 3.5 원격교육의 장 · 단점

장점	단점
· 개인적으로 편리한 방식으로 학습 가능 · 학습자의 수에 제약을 받지 않음 · 가격 효과면에서 경제적임 · 최신 정보를 필요한 순간에 확보 가능 · 원거리에 있는 교사나 전문가와 접촉이 가능 · 여러 지역의 학습자들도 네트웍을 통해 협력학습이 가능 · 각 지역에 흩어져 있는 학습 자원의 공유	· 시스템 구축을 위한 초기비용이 많이 필요 · 각종 교재 개발과 학생지원서비스를 위한 지원조직이 필요하므로 계속적인 투자가 필요 · 학습의 질을 관리하고 평가하기가 어려움 · 개인 상호간의 심리적인 거리감 조성의 우려 · 개인 상호간의 상호작용의 감소 우려 · 상호작용의 감소로 인한 피드백의 감소 · 메시지의 전이가 저해될 우려

(3) 멀티미디어

① 의미 : 컴퓨터를 기본으로 하여 문자, 그림, 청각정보 등을 이용한 정보망을 만들고, 저장하고, 보내고, 재생하는 상호작용적인 통신체제이다.

② 특성

- 학습자를 학습에 적극적으로 참여시킬 수 있다.
- 실제와 거의 유사한 경험을 제공한다.
- 지루하지 않은 수업을 행할 수 있다.
- 여러 개의 매체를 동시에 활용하는 것과 같은 효과가 있다.
- 수업에 있어서 상호작용의 양과 빈도를 다양하게 할 수 있다.
- 자기 페이스에 맞는 수업을 진행할 수 있다.

• 독립적인 학습을 할 수 있게 한다.
• 즉시적인 수업을 진행할 수 있다.
• 질 높은 수업을 지속적으로 할 수 있다.
• 학습자의 진도를 수시로 체크하여 통합적인 평가를 할 수 있다.
• 시뮬레이트된 직접적인 경험 위주의 수업을 할 수 있다.
• 치밀하게 저장된 자료를 빠르게 이용할 수 있다.

③ 교육적 효과

• 시각정보와 청각정보의 적절한 결합으로 학습효과를 높인다.
• 상황과 관련되어 정보가 제시되므로 효율적인 파지력을 가져온다.
• 다른 모드의 정보를 조합하는 능력이 육성된다.
• 정보와 정보 사이를 연관짓는 사고력이 육성된다.

(4) 코스웨어(Courseware)

① 의미 : 수업목표의 달성에 직접적으로 활용된 수업매체용 소프트웨어를 통칭한다.

② 장 · 단점

장점	단점
· 수업목표에 기초를 둠 · 학습자의 특성에 부응 · 학습자의 상호작용이 극대화 및 개별화 · 학습자의 흥미를 유지 · 다양한 피드백의 제공 · 활용 환경의 고려 · 학습성과의 철저한 평가	· 학습자와 컴퓨터 간의 상호작용이 부적절 · 학습자 개개인의 요구와 특성에 부응 못함 · 상호작용의 형태가 단순 · 지나치게 텍스트에 의존하여 정보가 제시됨 · 화면이 인쇄물의 페이지와 같이 취급됨 · 교육목표가 애매 · 장황한 지시문의 제시 · 게임을 위한 게임을 제공

3.3.7 교수-학습을 위한 컴퓨터의 활용

(1) CAI(Computer Assisted Instruction; 컴퓨터 보조수업)

① 의미 : 컴퓨터를 직접 수업매체로 활용하여 지식, 태도, 기능의 교과내용을 학습자에게 가르치는 수업방법이다.

② 장 · 단점

장점	단점
· 개별화 수업이 가능 · 프로그램과 학습자 간의 충분한 상호작용 · 학습자의 진행정도와 성취수준을 기록 · 분석함으로써 학습진단과 처방에 도움을 줌 · 학습자의 실수와 도전에 격려함 · 흥미있는 학습 경험을 제공	· 하드웨어의 구입 및 유지비용이 고가 · 우수한 코스웨어의 부족 · 코스웨어를 개발하는 데 전문적인 지식, 노력, 시간, 경비가 많이 소요됨

③ 유형과 특성

유형	활용	교사의 역할	컴퓨터의 역할	학습자의 역할
반복 연습형	· 이미 배운 내용의 반복 연습 · 기본적 사실이나 정보 복습 · 수업목표가 달성될 때까지 계속 반복 연습가능	· 관련된 내용의 수업 먼저 제시 · CAI 문제의 수준 확인 · 학습자 진도의 확인과 조언	· 질문제시 · 즉각적 피드백 제시 · 학습자의 진도를 디스크에 저장	· 질문에 대답 · 답의 정/오답 여부의 확인 및 피드백을 통한 반복학습
개인 지도형	· 새로운 학습 내용의 제시 · 개별지도가 많이 필요한 내용의 학습	· 개별학습자의 진도 확인 및 관찰	· 학습내용 제시 · 학습내용에 대한 질문, 정답확인, 도움제시, 피드백 제공, 요약제시, 학습경로 및 성취도 저장	· 프로그램의 지시에 따라 학습함 · 질문에 대답 · 필요시 질문이나 도움 사용 · 피드백을 통한 학습
게임형	· 복습용 · 동기를 높일 필요가 있을 때 · 개별적 또는 소집단간의 경쟁을 통해 동기를 높일 때	· 학습시간의 제한 · 진도의 관찰	· 경쟁자, 심판, 또는 점수 기록자 역할	· 사실, 전략, 기능들의 학습 · 자신의 선택에 대한 평가 · 컴퓨터나 동료와의 경쟁
모의 실험형	· 실제상황과 유사한 상황의 제시가 필요할 때 · 학습활동이 위험하거나 수행에 따른 비용이 비쌀 때	· 주제제시 · 배경과 규칙의 설명	· 역할분담 · 상황의 규칙, 데이터, 그리고 학습자의 결정에 따른 결과의 제시	· 의사결정 연습 · 선택 · 자신의 선택에 대한 결과 분석 및 평가
발견 학습형	· 가설검증 · 시행착오를 통한 학습 · 데이터 탐색 · 귀납적 접근	· 기본문제의 제시 · 학습진도 관찰 및 조언	· 정보 및 자료의 탐색 기능 제시 · 학습자의 탐색활동 기록	· 가설의 설정 및 확인을 통한 원리나 규칙을 발견

유형	활용	교사의 역할	컴퓨터의 역할	학습자의 역할
문제 해결형	· 문제설정 · 가설진술 · 데이터 검증 · 해결책 제시	· 문제설정 · 학습자 배정 · 해결책의 방안	· 문제제시 · 데이터 조작 · 데이터 관리 · 피드백 제공	· 문제의 규명 · 해결책 제시 · 독립변인들의 조작
자료 제시형	· 자료검색 · 자율학습	· 검색방법 제시 · 특징 제시	· 자료제시(Text, Video, 사진 등) · 필요에 따라 사용자용 Note와 Print 기능 제공	· 자료의 탐색, 수집, 비교, 분석, 정리

(2) CMI(Computer Managed Instruction; 컴퓨터관리수업)

① 의미 : 컴퓨터가 직접 수업매체로 사용되지는 않으나, 수업과 관련되는 제반 정보나 자료를 기록, 분석, 종합, 평가하는 것이다.

② 장 · 단점

장점	단점
· 개별화 수업에 적용 · 학습자의 수준이나 학습자의 필요에 따라 적절한 교수활동을 지원하도록 도움 제공 · 학습이 힘든 학습자를 빨리 인식하여 교정함 · 교사의 일상적인 행정업무 부담의 감소 · 교수자원의 효율적 활용에 도움제공	· 시험문제은행, 진단원칙, 처방을 개발하는데 전문적 지식, 노력, 시간, 경비가 많이 소요 · 정신기능적 영역의 평가에 부적절 · 교사와 학습자가 역할변화에 적응하는데 어려움을 느낄 수 있음

(3) CBT(Computer Based Training; 컴퓨터 보조교육훈련)

① 의미 : 컴퓨터를 이용하여 지식의 함양과 기술 배양을 위해 실시하는 교육훈련 및 관리 평가 체계를 말한다.

② 특성

- 학습자가 컴퓨터와 상호작용을 통해 개별학습을 할 수 있다.
- 개별학습을 통해 완전학습에 도달할 수 있다.
- 교육훈련에 포함되는 각종 비용과 시간을 절감 시켜준다.
- 비용과 위험도를 감소시키면서 충분한 모의 학습이 가능하다.
- 학습시간과 장소에 구애받지 않고 교육할 수 있다.

• 표준화되고 개별화된 프로그램의 제공과 충분한 연습의 기회를 제공함으로써 교육훈련을 보다 효과적으로 만든다.

③ 유형

• 반복 연습형 : 학습한 내용을 이해정도에 따라 반복 연습하면서 이해해 나가는 방식이다.

• 개인 교수형 : 컴퓨터와 학습자간에 의사소통을 통해 새로운 학습내용을 지속적으로 학습하는 방식이다.

• 문제해결 및 질의형 : 학습자의 질문에 대해 컴퓨터가 정답과 관련 정보를 제공하는 간접 학습형태이다.

• 교육적 게임형 : 교육적 오락 게임을 통한 학습으로 학습자의 흥미 및 경쟁심을 유발하는 유형이다.

• 장비 모의형 : 장비의 작동, 운용, 정비 절차 등에 관한 교육시 공간적, 시간적, 경제적인 제한 때문에 실제로 조작해 볼 수 없거나 실제의 조건과 상이한 상황에서 실습이 이루어질 때 사용되는 방법이다.

(4) CAT(Computer Adaptive Testing; 컴퓨터 적응평가)

빠른 시간내에 적은 수의 문제를 가지고 학습자의 능력을 정확하게 측정하기 위해서 개발된 평가용 프로그램의 일종이다.

(5) CMC(Computer Mediated Communication; 컴퓨터 매개통신)

① 의미

• 컴퓨터 매개 통신체제는 컴퓨터를 전화선과 모뎀, 또는 정보통신망과 연결하여 사용자간의 정보공유와 교환, 의사소통이 가능하도록 하는 시스템이다.

• 수많은 사용자가 자신이 편리한 시간과 장소에서 자유로이 연결하여 학습하는 환경을 구성해준다.

• 많은 양의 최신 정보를 빠른 시간 내에 교환하게 해주는 가장 최신의 정보교환 수단이다.

• 학습자가 개별적으로 자유로운 환경에서 공부를 하도록 함은 물론 여러 방식으로 정보나 의견교환, 토론을 통한 협동학습을 허용한다.

② 수업의 구조와 활용 예

분류	목적
전자칠판	· 강의내용, 과제안내, 및 공고사항을 게시하는 것 · 교사만이 정보 입력 가능
수업자료실	· 수업관련 자료와 정보를 제시하는 것 · 교사만이 사용 가능
질문과 답변	· 학생들간에 수업관련 혹은 그 외에 공개적으로 질문하고 답변을 구함
보고서 제출	· 학생들의 개인 혹은 그룹 과제물, 보고서 등을 제출
공개 토론실	· 어떤 특정 주제에 관하여 자신의 의견을 올리고, 그에 대한 반박 혹은 동의하는 의견을 계속적으로 제시 가능
휴게실	· 수업 외의 흥미사항, 기타 기분전환용의 어떤 주제든지 게시 가능 · 흔히 동호회 모임 같은 것을 결성하는 데 활용되기도 함
대화방	· 특정주제나 과제에 대한 학생들간의 실시간 채팅을 통한 토의 가능 · 여기서 논의된 사항을 그룹 과제물로서 보고서 제출난에 제출할 수 있음
편지 받기, 보내기, 배달확인	· 교사와 학생, 학생간의 편지를 주고받는 것 · 개인적인 것에 대하여 질문/답변도 이루어질 수 있음 · 성적에 대한 문의도 가능
수강생 명단과 소개	· 학생들간의 관계 도모를 위해 자신을 소개하는 난 · 이름과 전공 외의 관심사, 특징 등 재미있는 것을 덧붙여서 소개 가능

(6) ICT(Information & Communication Technology) 활용 교육

① 의미 : 정보 기술과 통신 기술의 합성어로서, 정보 기기의 하드웨어 및 이들 기기의 운영 및 정보 관리에 필요한 소프트웨어 기술과 이들 기술을 이용하여 정보를 수집, 생산, 가공, 보존, 전달, 활용하는 모든 방법을 의미한다.

② 교육의 구성

ICT 교육	특성
ICT 소양 교육	· ICT의 사용 방법에 대한 기본적 교육 · 정보의 생성, 처리, 분석, 검색 등 정보 활용 능력을 기르는 교육 · 학교장 재량활동 시간이나 특별활동 시간에 독립 교과 혹은 특정 교과의 내용 영역으로 실시되는 ICT에 관한 교육
ICT 활용 교육	· 기본적인 정보 소양 능력을 바탕으로 학습 및 일상생활의 문제 해결에 정보 통신 기술을 적극적으로 활용할 수 있도록 하는 교육 · 정보 통신 기술을 교과과정에 통합시켜, 교육적 매체(instructional media)로서 ICT를 활용하는 교육

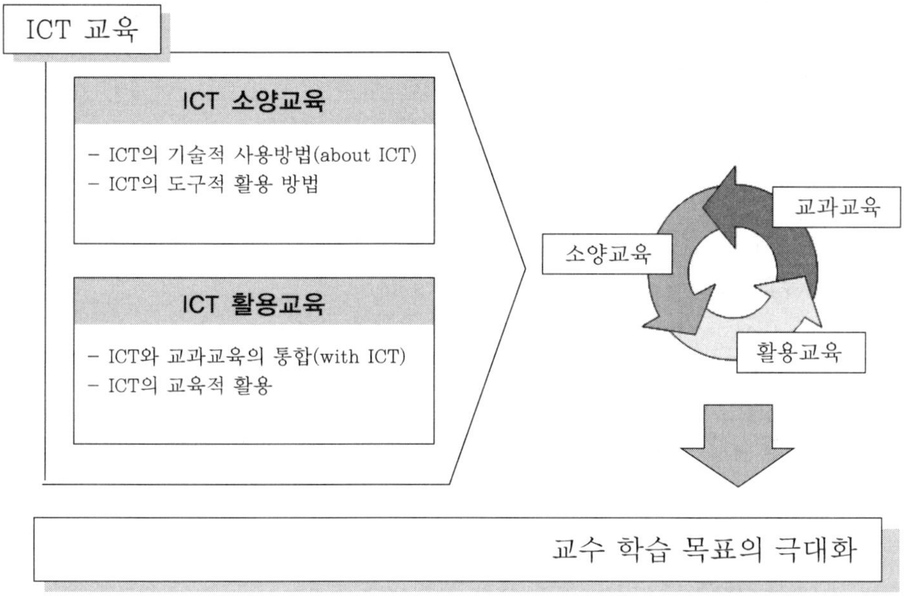

그림 3.12 ICT 교육의 구성(서울특별시교육과학연구원, 2001)

③ 필요성

- 지식 전달 위주의 교육방법과 교실 중심의 제한된 교육 환경에서 탈피하여 학습의 자율성 및 유연한 학습 활동을 제공한다.
- 학습 목표와 전략 수립, 결과 평가 등 학습자의 주도적인 역할을 지원하여 자기주도적 학습 환경을 제공한다.
- 정보 검색 및 수집, 분석, 종합 등 새로운 정보 창출 과정에 직접 참여하여 창의력 및 문제 해결력 신장에 도움을 준다.
- 다양한 수업 활동을 지원하여 교수·학습의 질적, 양적 향상을 가져온다.
- 교육의 장을 확대하여 사고의 폭을 넓히고 고차원적인 사고 능력을 신장시킨다.

④ ICT 활용 교수 · 학습의 과정(서울특별시교육과학연구원, 2001 수정)

학습 주제 선정	· 교육과정 및 목표 분석 · 실생활 중심의 주제 선정 · 교과간 상호연계 가능성 탐색 · ICT 활용의 적합성 판단
↓	
수업목표 수립	· 학습 결과에 대한 명확한 진술 · ICT 활용으로 인한 효과성 고려
↓	
수업활동 유형 결정	· 정보 탐색 · 정보분석 · 정보 안내 · 웹 토론 · 협력연구 · 전문가 교류 · 웹 팬팔 · 정보 만들기
↓	
ICT 활용 선수능력 확인	· 요구되는 ICT 활용 능력 및 학생의 ICT 활용 능력 수준 · ICT 활용 능력 보충 계획 수립
↓	
ICT 활용환경 및 매체 선정	· ICT 종류별 특성 파악 · 학습목표 달성에 적합한 ICT 선택 · 다양한 정보자원의 통합적 활용
↓	
ICT 활용 사전 준비	· ICT 환경 구비 · 활동 유형별 사전 준비 사항 점검 · 자료 준비
↓	
평 가	· 평가도구 개발 · 평가 요소 및 방법 결정

(7) 컴퓨터를 이용한 학습의 장 · 단점

장점	단점
· 학습자의 주의집중 및 학습동기를 높임 · 학습의 개별화 효과를 높임 · 즉각적인 피드백의 제공 · 정보의 수집과 분류, 정리를 통한 문제해결력의 함양 · 빠른 시간내에 정보의 저장, 분류, 분석 가능	· 수업목적에 적합한 소프트웨어의 준비가 어려움 · 초기비용이 많이 듬 · 음란물이나 폭력물 등의 비교육적인 내용의 프로그램으로부터 보호할 방법이 부족 · 비효율적이고 비효과적인 프로그램들을 접할 우려가 있음

3.4 교육 정보화

3.4.1 의미

(1) 개념

정보화 사회에 발맞춘 교육의 흐름이다.

'전산화'라는 용어보다는 '정보화'라는 용어가 많이 사용되면서, 컴퓨터 교육이라는 말 대신에 점차 교육 정보화 또는 정보화 교육이라는 용어가 사용되기 시작하였다.

즉, 컴퓨터를 이용한 교수－학습활동을 의미한다.

(2) 목표

21세기 주역들이 창의적이고 자기 주도적으로 학습할 수 있는 새로운 교육 환경을 조성하는 데 있다.

3.4.2 교육 정보화 추진 현황

추진 현황	추진 내용
교육 정보화 기반구축	· 교육용 컴퓨터 보급 : 컴퓨터 실습실을 설치·지원하는 사업 · 교원용 컴퓨터 보급 : 교원의 효율적인 수업 준비와 교무 및 학사 행정업무를 지원하는 사업 · 학교 내 전산망 구축 : 학교 내 전산망을 구축하여 상호 간에 정보를 교환하거나 학습자료를 공유할 수 있도록 지원하는 사업 · 교단 선진화 사업 : 교실 수업의 혁신을 위해 교실내 멀티미디어 교수－학습 환경을 구성하여 지원하는 사업 · 멀티미디어 교육실 설치 : 정보화 사회에 부응할 수 있는 유능한 인재를 육성하기 위한 사업
S/W 개발·보급 사업	· 교육용 S/W 개발·보급 지원 · 교육용 S/W 전시회 개최
교육 정보화 기기 활용 교육사업	· 학교종합정보관리시스템 구축 : 학교생활기록부 및 학사업무의 전산화 · 교원 정보화 연수의 활성화 : 교사들의 정보화 기기 활용능력 신장을 돕는 사업

3.4.3 교육 정보화 촉진을 위한 과제

주요 과제	내용
열린교육 기반 조성	· 컴퓨터 관련 교육과정 강화 · 교원 컴퓨터 연수 확대 · 교원 PC 보급 · 학교 인터넷 접속환경 조성 · 초 · 중 · 고교 교육용 컴퓨터 보급 · 교육행정 정보화
교수－학습용 멀티미디어와 소프트웨어의 개발 및 보급	· 국가멀티미디어 교육지원센터 설립 · 운영 · 교수－학습용 데이터베이스 및 소프트웨어 개발 · 보급 · EDUNET(교육종합정보서비스 시스템) 개발 및 위탁운영
원격 교육 확대	· 원격 초 · 중등 · 대학 · 사회복지특수교육 시범사업 · 인터넷 이용지원 시범사업 · 학 · 연 · 산 원격협동교육
학술 · 연구 정보기반의 고도화	· 교육전산망 구축
학술정보 DB 구축	· 대학내 전산망 구축 · 첨단학술정보센터 설립
전자도서관 구축	· 학술정보 DB구축 · 대학도서관 전산화

Chapter | 04

효율적인 원격화상수업의 방향

4.1 원격교육 연구배경 및 질문

현 지식정보사회에서는 이전 산업사회에서 강조되었던 가르치는 사람 중심의 지식 전달보다,배우는 사람의 효율적인 학습을 강조하는 교육 패러다임이 보편화되고 있다. 이에 따라서 배우는 사람의 특성이나 교육요구가 효과적인 교육의 중요한 요소로서 강조되고 있다. 특별히 정보기술의 발달이 급격하게 이뤄짐에 따라 이를 활용한 다양한 멀티미디어 교육매체나 교육방법이 개발되고 있고, 동시에 학생들에게 다양한 학습활동의 기회제공이 가능해지고 있다. 그 예로 최근 강조되는 web기반 수업이나 화상(영상)수업을 들 수 있다. 이러한 수업방법이 바람직한 학습결과로 연결되기 위해서는 개별대학의 교육방향과 환경, 교수자와 학습자의 특성을 고려한 수업모형을 개발하는 것이 필요하다.

과학/공학 분야의 인재양성을 목적으로 연구와 교육의 수월성을 강조하고 있는 우리대학에서도 원격교육의 가능성을 조심스럽게 타진하고 있다 (2000학년도 대학 연례 보고서).

"원격교육이 우리대학의 교육에 어떤 기능과 역할을 할 것인지에 대해서는 아직 분명하게 결정된 바가 없습니다. 교육적 · 기술적 · 경제적 측면에서의 평가를 종합적으로 내리기는 아직도 이르다는 느낌입니다만, 최소한 campus와 실험 based된 과학기술 교육의 장점을 최대한 활용하면서, distance 및 on-line learning을 보조적인 교육방법으로 사용하는 것에는 상당한 장점이 있을 것으로 파악됩니다. [중략] 본격적인 정보화 시대에 새로운 대학 교육방법으로 각광 받고 있는 첨단장비를 이용한 교육을 통해 우리대학 학생뿐 아니라 참여하는 다른대학의 학생들도 다양한 과목을 접할 수 있을 것으로 예상됩니다"

본 연구에서는 원격교육을 '실시간 교수－학생 상호작용이 구현될 수 있는 화상수업(video conference)과 이를 보완하는 사이버 학습'으로 정의하고 다음과 같은 연구질문을 다루고자 한다.

1. 현재 우리대학에서 진행되는 수업운영방법(수업진행유형, 동기부여, 교수－학생 상호작용, 평가, 사이버활용 면)의 특징은 무엇인가?
2. 학생들의 수업태도와 학습스타일의 특징은 무엇인가?
3. 교수들이 생각하는 원격수업의 필요와 문제점은 무엇인가?
4. 원격화상수업을 효율적으로 운영하려면 어떤 점을 고려해야 하는가?
5. 원격화상수업에서 사이버 학습의 역할과 운영은 어떻게 해야 하는가?

위의 연구질문 1, 2, 3은 원격교육 요구조사를 통해 접근하고 연구질문 4, 5는 원격교육과 관련된 문헌분석을 통해 답을 얻고자 한다. 본 연구는 원격화상수업 운영과 관련된 다양한 구성원(교수, 학생, facilitator, 시스템 관리자, 학사 관리자)이 효율적인 원격화상수업의 운영에 대해 이해하고 각 역할을 담당하는데 필요한 기본자료를 제공하는데 목적을 두고 있다.

표 4.1 현재의 수업방식과 원격방식

구 분	현재수업	원격수업(예상)
수업환경	기초과목 80명정도 전공과목 40명정도	대규모 강의
수업준비	수업진행 시간만큼 준비시간 필요	현재 수업의 준비시간 + 자료준비 시간
수업진행	리뷰, 학습내용, 강의, 질의 응답, 요약정리	리뷰, 학습내용, 강의, 질의 응답, 요약정리
동기유발	실제적인 사례 나의 경험	실제적인 사례 나의 경험
교수학생관계	상호작용 거의 없음	없음
학생파악	수동적	수동적
과제 및 평가	시험, 과제, 프로젝트	시험, 과제, 프로젝트
수업결과	수업 중 학생들 표정 시험 결과	시험 결과

4.2 원격교육에 대한 요구 조사

시 스 템	· 화상과 음성의 품질이 매우 떨어져 수업을 하기에 가장 큰 문제점으로 나타났다. 모자이크 현상, 화면 떨림 현상, 음성지연, 끊어짐, 되울림 등과 같은 현상이 나타나 교수의 내용 전달 확인을 위해 강의가 중단 되었으며, 경주캠퍼스의 학생들은 쉽게 피로감을 느끼고 집중력 저하를 보였다. · 전자칠판이 있었음에도 불구하고, 소프트웨어 호환성과 전자칠판의 한계로 인해 칠판을 사용했는데, 경주캠퍼스의 학생들이 잘 보기 위해서 글자를 크게 썼고, 그림이 한 화면보다 큰 경우 학생들이 이해하기 힘들었고, 교수는 이 사실을 항상 의식하고 수업에 임해야 했다.
운 영	· 시험의 경우 경주캠퍼스 학생들에게 시험문제를 전달하는 과정에 시험문제 유출의 위험이 항상 있었고, 답안 전달의 경우도 우편을 통하였지만 분실 위험이 있었다.
상호작용	· 서울캠퍼스의 학생들은 질의 응답하는데 별 문제가 없었지만 경주캠퍼스의 경우 조교의 도움을 받아서 질문을 해야 했다. · 기술적으로는 쌍방향 의사 소통이 가능했지만 경주캠퍼스 학생들은 질문을 위해서는 조교에게 마이크를 받아 하는 불편으로 인해 질문의 하지 않았다. · 화질이 떨어짐으로 인해 교수는 학생들의 이름과 얼굴을 구분하기가 힘들었다. · 서울 학생들이 마이크 없이 질문하면, 그 내용을 경주 학생들은 알 수 없었다.

4.2.1 조사방법

요구조사에서는 포항공대의 교수들이 원격교육에 대해 어떻게 생각하고 있으며, 무엇을 원하는지를 알아보고자 한다. 동시에 이를 바탕으로 원격교육 진행 시 다양한 학교 구성원들의 역할과 이들에 대한 지원내용을 파악하고자 한다.

(1) 대상 및 기간

요구조사에서는 각 학과 전공주임 교수 11명의 인터뷰를 실시하였다. 인터뷰 기간은 5월 5월 28일부터 6월 8일까지 이주였으며, 직접 인터뷰 총 10명, 서면 인터뷰 1명의 인터뷰가 진행되었다.

(2) 질문내용

인터뷰의 질문내용은 크게 두 가지 주제 - 현재 진행되는 수업 스타일, 원격수업에 관한 견해 - 를 다루고 있다.

〈 현재의 수업 스타일 〉

- 어떤 방법으로 수업을 진행하는가?
- 학생들의 흥미를 유발하기 위해 사용하는 방법은?
- 교수와 학생간의 상호작용은 어떤 방식으로 이루어 지는가?
- 학생들의 수업태도와 학습스타일은?
- 학생들의 평가는 어떤 방식으로 하는가?
- 강의식 수업의 단점은 무엇인가?
- 사이버 공간의 활용정도?

〈 원격수업에 관한 견해 〉

- 교수님들이 알고 있는 원격수업은?
- 원격수업은 필요한가?
- 원격수업의 문제점은 무엇인가?

4.2.2 요구조사 결과

(1) 어떤 방법으로 수업을 진행하는가?

보통 이공계열의 수업이 그러하듯이 우리 학교의 수업은 크게 실험 수업과 이론 수업으로 나눌 수 있다. 인터뷰 참여자들에 따르면 이론 수업 스타일은 대부분이 강의식 수업 방식을 취하고 있으며, 이 방법이 지식전달에 가장 효과적이라고 생각하고 있었다.

"우리는 주로 이론파트와 응용파트가 있어요. 이론파트의 경우 주로 판서를 하고 주로 내가 강의를 해요." (교수 E)

"[강의수업의 경우] 이유라기 보다는 과목의 성격상 그렇게 하지 않을 수밖에 없다." (교수 G)

"주로 대개 수학강의랑 비슷한 거니까 저는 간단한 문제에 대해서 개념 위주로 많이 설명하거든요. 아주 디테일한 것 보다는 핵심적인 것을 확실하게 이해할 수 있게 합니다" (교수 H)

(2) 학생들의 흥미를 유발하기 위해 사용하는 방법은?

수업에서 학생들의 흥미 유발을 위해서 사용하는 방법은 실제의 사례를 들어주거나, 경험을 이야기 한다.

"화학이라는 것은 실생활에 응용된 것이 많기 때문에 예를 들죠." (교수 D)

"엔지니어링의 지식을 전달하기가 상당히 어렵습니다. 난해하니까 애들이 싫증나기가 쉽습니다. 그것을 동기유발 하려고 하면 정말 국민학생들 다루듯이 뭐를 가르친다고 할 때는 샘플도 갖다가 보여주고 학생들이 느끼면서 해야지요. 엔지니어링 이론을 칠판에다가 쭉쭉 써가면 학생들이 안된다구요. 그걸 현실적으로 내가 아무것도 안가지고 갔을 때는 학생들이 알아들을 수 있을 정도로 설명을 잘 해요. 엔진이 있고, 피스톤이 있고. 커넥팅 랏이 있고... 그 그림을 그려서 설명을 하는 그런 방법을 동원해야 합니다." (교수 G)

또 미리 학습내용의 제시 등을 통해 학습요구를 극대화 시키는 방법도 사용된다.

"특별한 방법은 없구요 미리 강의 할 내용에다 전부 그 파워포인트파일에다 학생들에게 주어져 있으니까 학생들이 그걸 보고서, 아! 오늘 뭘 할 것이다고 학생들에게 미리 보여주는 거지요 옛날에 같이 판서하면 모르잖아요. 이 선생이 이번시간에 뭘 가르칠까 모르잖아요. 근데 파워포인터로 모두 가있으니까 학생들이 보면 대충 아! 지난시간에는 어디까지 배웠으니까 이번 시간에는 뭐가 있을 거라고 대충 생각해 볼 수 있으니까 제시를 하는 것은 있겠는데요 특별히 뭐 어떤 수업의 동기를 유발 시키는 것은 그 과목에 대한 흥미와 관련된 것이지 관심 없으면 나눠주어도 보지도 않고 그냥 올 것이고" (교수 I)

(3) 교수와 학생간의 상호작용은 어떤 방식으로 이루어 지는가?

대부분의 경우 질문을 통해서 학생들과 상호작용 하고 있었다.

"적절한 질문과 답이 나오도록 유도함" (교수 A)

"여러 방도로 하죠. 질문을 하고 기다리기도 하고, 학생들을 지적해보기도 하고, 여러 방도로 하려고 노력 하죠. 꼭 그것이 성공적인 것은 아니지만, 그래도 학생들의 주위를 끌려고 여러 가지 방도로 노력을 하고 있죠." (교수 D)

개인적 관계형성에 중심을 두는 경우도 있다. 이름을 외우고, 학생들에게 이메일 보내는 방법은 학생들에게 교수와의 개인적 관계를 강화시키는 방안으로 수업활동의 진행을 원할하게 하는 역할을 하게 한다.

“제가 학생 이름을 자꾸 외우려고 해요 그래서 학생들 이름을 많이 외우고 또 학생 활동도 많이 하잖아요 학교의 신문이며 이러한 팀성명을 통해서 내용이 뜨면 수업 시간에 들어가서 지난번에 뭐 했었는데 하고 이메일로 보냅니다. 저는 수업시간 첫 시간에 이메일을 전부 보내라 숙제며 뭐 어떤 휴강이니 시험이니 내가 공고할 내용이 있으면 전부 이메일로 통보할테니까 이메일을 보내지 않는 사람은 나중에 어 언제 시험봤어 이런 소리 하지 말고 꼭 항상 나한테 이메일 주소를 하라고 해서 주소록을 만들어 그걸 수시로 이메일을 통해서 학생들에게 통보를 하는 거죠. 내가뭐 이번에는 어딜 가게 되어서 누가 대신해서 강의를 한다던지 시험은 내가보기에 쉽게 냈는데 뭐 니네들은 많이 잘 풀었으리라 생각한다 이런식으로 보내면 학생들중의 일부는 아이 선생님 시험이 쉬었던가요 저는 뭐 어려웠고요 하면서 답변이 오는 사람이 있고요” (교수 I)

E-mail을 통한 교수 - 학생과의 대화는 교수들에게 상당한 시간 부담을 주고 있다. 보내기만 하면 되는 것이 아니라 돌아오는 회신에 대해서 일일이 답을 해주어야만 학생들이 교수와의 인간적인 관계에 대해 신뢰감을 가지게 되고 수업에 대해서도 잘 따라오게 된다.

“제가 이메일도 안보내고 일방적으로 얘기나 하고 끝냈으면은 지금보다는 애들의 집중도라던지, 과목에 대한 관심은 훨씬 더 떨어졌을 거라고 생각해요” (교수 I)

(4) 학생들의 수업태도와 학습스타일은 어떠한가?

인터뷰에 응해주신 교수님들 모두 포항공대 학생들은 수동적인 학습스타일을 가지고 있으며, 질문을 거의 안 한다고 한다. 이것은 대형 강의의 경우 더욱 가속화되는 현상이라고 한다.

“자꾸 질문을 유도해도 상당히 수동적인 면은 있습니다. 그렇다고 꼭 그렇게 어떤 강의를 듣는 태도라던지, 그런 것은 상당히 성실하고 아주 진실한 태도라고 생각합니다.” (교수 F)

“전반적으로 볼 때는 질문이 많다고는 할 수 없어요. 제가 볼 때도 특히 대형 강의, 전공 강의에서는 물어보고, 질문이 나올 때까지 한 스텝 기다렸다가 그 다음 강의를 진행하고 하면 되는데, 대형강의에서는 특별히 질문이 잘 없죠. 그건 어떤 면에서 우리 교과 과정이 조금 빠듯하기도 하고, 대형 강의이기 때문에” (교수 C)

이런 학습 태도의 근본 원인은 지식 전달식 수업 방식과, 학생들은 초중등 교육의 결과 학생들이 습관화되었기 때문이다.

"그에 지식 전달식 교육을 탈피 못하는 원인 중에 하나가, 교수 책임도 반이 있지만도, 학생측의 잘못이 큰 문제에요. 학생들이 질문을 안해요. 점점 더 심해져요. 제가 12년이 됐는데, 수업을 하다 보면 반은 디스커션하다가 다 보내고, 애들이 그렇게 얘기도 하고 그랬는데, 지금 고등학교 때 교육이 그랬단 말이야. 수능인지 고민할 필요 없고, 틀리지만 않으면 되니까, 그런게 애들이 그대로 젖어 있는 것 같아요. 진정한 대학 교육이라는게 수업시간에 궁금한 거 질문하고, 교수들과 토론하는 그게 다 교육이거든요. 한 시간 때워도, 애들이 질문을 안해요. 심지어 대학원생도 점점 더 오염되어 가는데, 저는 한 시간에 75분 수업에 한 30 - 40분 정도 중간에 5분정도 질문하다 끝날 수도 있는데, 수업을 딱 끝나고 질문할 시간을 주면, 질문을 안해요. 수업 도중에 질문을 하라고 하고 처음부터 얘기해도, 질문을 절대 안합니다. 수업 시간을 5분 정도 일찍 끝내고, 각자 궁금한 거 10명도 안나오면 포항공대 자격도 없다고 그런 소리를 하는데도 서로 눈치주고 간혹 하는 놈도 있죠. 대학원은 좀 낫고, 학부에서는, 저는 일반 생명과학이라는 걸 가르치고 있는데, 1학년 학생들은 전혀 질문 안해요. 끝나고 질문하는 애들 학교 수업 중에 질문하는 애들, 동료들이 싫어한데요. 학과 수업 진도에 방해된다고." (교수 B)

(5) 학생들의 평가는 어떤 방식으로 하는가?

과제는 문제풀이와 프로젝트 중심으로 되어 있으며, 평가는 중간 기말 시험과 평소의 과제를 중심으로 평가하고 있다.

"시험, 주제발표, 출석" (교수 A)

"출석, 퀴즈점수, 중간고사, 학기말, 시험위주죠. 어떤 과목은 프로젝트도 일부 가산이 되고. 프로젝트가 있는 경우엔 발표도 시키고. 산광과 전체적으로 보면 프로젝트가 있는 경우, 텀 페이퍼가 있는 경우가 많이 있어요. 시험하고 그런 텀프로젝트 그런거죠." (교수 H)

(6) 강의식 수업의 단점은 무엇인가?

교수님들은 대부분의 강의식 수업을 하시고 계셨다. 그렇다면 강의식 수업은 진도가 느리고, 활용이 금방 가능하지 않다는 것이다.

"문제점은 아마도 진도상의 문제점이 있을지는 모르겠죠. 사실 저는 진도 문제를 극복했다고 보고 있거든요. 아마 제가 백그라운드를 잘모르겠는데, 미국에서 공부를 하셨는지 미국 사람들은 진도를 굉장히 빨리 나가거든요. 할 얘기 다 하면서도 상당히 빨리 나가요. 그런데 이유가 있어서인지는 모르지만, 2학점짜리로 분석화학을 가르치고 있는데, 보통 국내에서 2학기 동안 3학점으로 가르치는 양보다 더 많이 가르친다구요. 그러면서도 할 얘기는 다 하고 있다고 생각하거든요. 그렇기 때문에 그건 상당히 제약을 받는다고 생각하지만, 그거는 아마 어떤 면에서는 matter of technic이라고 할까 습관이라고 할까. 그렇게 생각하고 있어요. 가장 단점은 진도가 좀 느리지 않을까" (교수 D)

"배우고 응용하는 것은 자기들이 그것을 활용할 개제가 있어야 응용이 되는 것이든요. 학생들이 이걸 하기 위해서 여기 왔다 보다도, 지금 현재 우리학교 커리큘럼은 우리학과에서 이러한 것들이 필요하다고 알아서 주기는 하지만, 사실 학부생들 같은 경우는 그게 언제 어떻게 써먹는 건지 잘 모르는 이도 있긴 있다고. 근데 대학원생 같은 경우 자기가 실험하다 보면 어떤 것들은 금방 적용이 되는 것은 금방 적용이 되고 그렇지 않은 경우는 필요할 때 나중에 찾아오는 경우도 있고." (교수 E)

(7) 사이버 공간은 어떻게 활용하고 있는가?

사이버 환경의 필요성과 점점 확대되고 있는 추세에 대해서는 모두 긍정적으로 생각하고 있었으며, 사이버 공간의 활용이 더 확대되어야 한다고 보고 있었다. 그러나 사이버 공간을 주매체로 활용하는 것은 검토한 적이 없으며, 현재 강의 수업의 보조적 도구라는 역할면에서 긍정적으로 생가하고 있다.

"내가 우리 학생들에게 제공해야 할 강의 내용이 있으면 그걸 사이버 공간에 띄워버려요. 그러면 우리 학생들이 그걸 가지고 가서 자기에게 맞게 가공도 하고 하겠죠." (교수 E)

"내가 봐가면서 가장 에센스가 되고 있는 거라던지, 어떤 자료를 보면 내가 흑판에 도저히 그릴 수 없는 것이 많다고 그러한 그림들 같은거. 그 다음에 내가 사용하고 있는 교재가 텍스트 이외의 다양한 곳에서 나오고 있으면 그러한 것들을 체계화해서 올려주고 하죠." (교수 E)

사이버 공간의 운영에 있어서는 대부분의 교수들이 기본 소스를 제공하고 제작 및 운영은 조교가 담당하며, 조교들이 제대로 감당하지 못하는 부분에 대해서만 개입을 하고 있다. 그러므로 사이버 운영에 대해서 별로 부담을 느끼지 않았다.

"직접은 안해요. 대학원생들하고 같이 해요. 우리 학생들이 모르는 것이 있다고 하면 내가 가서 같이 도와주고." (교수 E)

"거기에 대해 내가 할애하는 시간은 상당히 minimum하죠. 거기 올라오고 있는 게 아주 전문적인 것보다도 고등학생 이라던지 대학생들이 숙제를 할 때 몰라서 묻는 그런 것들이 꽤 있더라고. 그 정도는 우리 대학원생들이 충분히 답하죠. 그리고 전문성이 있는 건 가끔 올라와요. 그런 건 나도 시간을 좀 보내야 되고." (교수 E)

사이버 공간의 활용은 학생들과 대화를 할 수 있다는 점에서 확대하여 활용하는 것을 고려한다고 한다.

"게시판의 사용, 학생들과의 대화 가능" (교수 A)

(8) 교수님들이 알고 있는 원격수업이란 어떤 것인가?

인터뷰 참여자들이 생각하는 원격교육은 방송교육과 같은 한쪽 방향의 교육(one-way)이며 대체로 원격교육에 대해 부정적인 생각을 갖고 있었다. 또한 인터뷰 참여자들은 최근 급격한 정보기술의 발달로 인해 다양한 방식의 원격교육이 존재한다거나 부정적인 요인을 보완할 수 있는 방법에 대해 언급한 경우는 거의 없었다.

"학생들이 먼 거리를 갈 수 없으니까, 글쎄 기본적으로 난 원격교육이 현재 수업보다 좋다고는 보지 않는데 거리상 할 수 없이 필요한 경우가 있다 그 말이죠" (교수 H, G)

(9) 원격수업은 왜 필요한가?

우리 대학에서 원격교육이 필요한가에 대해 인터뷰 참여 교수들은 몇 가지 면에서 그 필요성을 인정했는데 이를 정리하면 다음과 같다.

첫 째, 다양한 분야의 과목을 개설하기 어려운 교양교육 분야에 필요하다.

"꼭 필요하죠. 어떤 특정 과목에 대해서 포항공대에서 가르칠 사람이 없다면, 원격교육을 통해서라도 그 과목을 해야 한다고 생각하거든요." (교수 I)

"예를 들어서 우리 대학내에서 전혀 커버 할 수 없는 분야들, 특히 교양. 그러니까 교양 과목 같으면, 우리학교에서 다룰 수 있는 토픽이 제한되어 있잖아요. 그런 분야를 우리가 관심 있는 유명한 잘 알려진 강연자가 있다면, 그 분의 강연을 원격 수업으로 학생들이 들을 수 있다면 그런 부분에서 상당히 보충이 될 수 있겠죠" (교수 C)

"우리 대학은 종합대학이 아니기 때문에 인문 사회쪽으로는 종합대학에서 아주 좋은 강의가 개설될 것 같고, 그래서 그런 관점에서 원격교육을 하면 상당히 좋을 것 같다는 것이 하나의 관점이었고" (교수 E)

둘 째, 저명한 석학들의 강의를 학내에서 들을 수 있다.

"전공 분야에 따라서는 소위 한 학기 강의 형태보다 어떤 주제를 정해서 그 주제에 대한 새로운 연구 결과 라던지, 그 분이 발표한다고 했을 때, 우리가 다 거기에 가서 듣기가 힘드니까, 그런 면에서 우리가 원격강의를 통해서 동시에 이렇게 들을 수 있는, 부분적으로 활용하는 게 되겠습니다." (교수 C)

셋 째, 기업의 교육 요구에 활용될 수 있고 실무를 담당하는 엔지니어들의 강의를 직접 학생들이 들을 수 있다.

"산업현장에서 예를 들자면, 우리 같으면 포항이나 광양제철 경우 거리가 멀지만 우리 대학하고 관계가 상당히 많은 경우 원격교육을 하면 좋겠다고 생각했었습니다." (교수 E)

이런 경우에 대해서는 원격수업이 필요하다고 생각하지만, 그 외의 경우에는 원격수업이 부정적이라고 보고 있다.

"아까도 잠깐 얘기했었지만, 원격교육에 대해서 절대적인 필요성은 느끼지 않는 입장이기 때문에 그 방향이 어떻게 되리라는 것에 대해서는 솔직히 생각해 본일이 없어요. 근데, 해야한다면 인터렉티브하게 해야 할 것이고, 또 한가지는 대학원 레귤러 강의를 한다면, 이쪽이나 저쪽에서 얼마 해보지 않은 토픽스에 대해서 새로 교수가 새로 토픽을 준비 한다 던지 이런 거는 쉐어 할 필요가 있지 않을까? 그 다음에 아주 학생들의 가장 기본이 되는 과목, 화학과의 경우, 일반화학, 우리과의 경우엔 일반 물리, 이런 경우에 아주 세계적인 명성을 얻었다던가, 교육을 굉장히 잘 하는 사람이 있다면 그런 사람의 강의는 쉐어할 필요가 있지 않을까" (교수 D)

(10) 원격수업의 문제점은 무엇인가?

인터뷰 참여 교수들은 원격수업의 다음과 같은 점을 우려하고 있음을 알 수 있다.

첫 째, 과연 수업 중 시스템이 완벽하게 작동이 되는가?

"구체적으로 어떻게 하는 거에 따라서 다를 수가 있는데, 무슨 이대 교양학부가 강의를 원격으로 한다거나, 거기서 만약에 그게 실시간으로 된다고 하면 가장 중요한 거는 technology겠지. 벌써 technology가 발달하면서 문제점이 많아요. 예를 하나 들까? 이건 원격하고 관계가 없는데? 지금은 프리젠테이션을 할 때, 노트북을 가지고서 한다구. 옛날엔 overhead project로 했다구. 그거는 전혀 문제가 없었어.

방법이 구식이었을 뿐이지만, 전혀 문제가 없었어. 지금은 어떻게 하냐면 내 컴퓨터를 가지고 가서, 띄우고 찾아서 push버튼을 누르면 파워포인트 같은 게 딱딱 뜨거든. 그런데 그 셋업하고 끊고 하는 게, 옛날의 학회 같은 데 가면 주어진 시간이 15분 정도 되는데, 거기서 미니멈 3 - 4분은 뭐... 만약에 실시간으로 그런 강의를 하는데, technological problem이 생기면.. 원격강의에서 그런 문제가 생기면 그건 실패라고. 우선 내가 볼 땐 technology라고. 그리고 예를 들어서 강의하는 분이 다 알고 그건 힘들다고. 그럴려면 그걸 서포팅하는 엑스포터들이 있어야할 뿐만 아니라 emergency를 어떻게 방송하고 똑같아. 방송은 스탭들이 많으니까 되지만, 국제 학회 같은 것도 잘 안되는데, 만약에 강의실에 나만 혼자 들어가고 카메라만 딱 섰는데, 내가 말이지 이 그림을 내보내야할 텐데 안나가고 말이지 이렇게 되면은 그것처럼 어정쩡한 게 없단 말이야. 우리가 원격강의라는 게 리얼타임으로 하는건데." (교수 G)

둘 째, 수업이 지식 전달만 되고, 강의자의 인품 같은 것은 전달 되지 않는다.

"그렇지만은 부정적인 측면이라는 거는 강의라는 거, 교육이라는 거에 오래 있다보면, 우리가 지식전달만 하는 건 아니거든. 그런 경우에는 그 사람의 인품이라던지, 그건 없다고. 그거 보면서 그런 건 없다고. 그렇게 되면 그 사람의 지식만 우리가 받는데, 사실 교육이라는건 그렇게 되면 강의하는 사람도 무슨 농담을 할 수 있는 처지도 아니고 농담이라는 게 학생들하고의 교감에서 나오는 거거든.. 자신의 얘기도 하고 그런건, 그날의 분위기에 따라 달라진단 말이지. 그렇지만 원격강의라는 건 그런 상황이 아니기 때문에, 주로 나만 하더라도, 지식 전달로 할거라구 그것이 교육에서 꼭 좋은 방법이냐? 그건 한 방법이지만, 교육에서 꼭 좋은 방법일 필요는 아니란 말이지." (교수 G)

"아무래도 부정적인 면이라고 한다고 하면, 강의의 집중도, 강연자와 학생들간의 소위 강의에 있어서 호흡, 이런 것들을 맞춰가면서 수업이 진행되기 힘들다는 부분. 원격수업이라는게 일반적으로 말하면 조금 대형강의가 되지 않겠습니까? 소수보다는 그치요? 대형 강의 형태라고 생각하면, 그 수업을 듣는 학생들이 어느 순간 관심을 잃어버리면, 좀 통제된 분위기가 되기 힘들고, 그런 면에서 다른 학생들한테 수업에 영향을 줄 수 있는 그런 면들이 조금 단점으로 지적될 수 있겠죠." (교수 C)

셋 째, 역동적인 수업이 이루어지지 않는다.

"그건 우리가 학생들과 같은 교실에서 수업을 하고 있다면, 학생들이 피드백을 받고 있기 때문에 학생들이 어느 정도 따라오고 있는지 학생들이 앞으로 뭘 원하는지 정확하게 판단을 하거든요. 그런데 떨어져 있으면 그걸 어느 정도 할 수 있을지. 수업이라는 건 선생이 일방적으로 가르치는 것도 아니고, 학생이 일방적으로 요구하는 것만은 아니거든요. 그렇기 때문에 그러한 것들에 대한 감이 정확하게 서로에게 전달이 될지?" (교수 E)

"학생들에게 질문을 유도하려고 하더라도, 선생이 교단 위에 서서 학생들에게 '질문 없어' 하면 애들이 질문 잘 안 합니다. 그런데, 내가 학생들이 있는 책상 옆에 가서 상당히 개인적으로 묻듯이 복도에 왔다갔다하면서 학생들하고 같이 이렇게 얘기하면은 질문들이 술술 나오거든요. 그러한 것은 가능할는지 잘 모르겠어. 역시 수업해보면 선생이 교단 위에서 할 때하고, 똑같은 얘기라도 밑에서 할 때, 뒤에서 할 때하고 다르거든요." (교수 E)

4.2.3 요구조사 결과 요약 및 해석

인터뷰 참여 교수들이 파악하는 현재 수업과 예상되는 원격수업 스타일을 비교하면 [표]와 같다. 수업준비나 교수－학생 관계면을 제외한 대부분의 영역은 현재 수업이나 원격수업도 동일한 것으로 보고 있어서 원격수업전략에 대한 정보가 필요할 것으로 파악된다.

특별히 인터뷰 참여 교수들이 원격수업에 대해 우려하는 점은 다음과 같다.

- 시스템이 완벽하게 작동되지 않아 수업일 자주 끊길 것이다.
- 단순 지식 전달형 수업이 될 것이다.
- 역동적인 수업이 이루어지지 않는다.

과연 이러한 우려사항에 대해 어떻게 준비하고 문제를 최소화할 수 있을 것인가?

- 시스템이 완벽하게 작동되지 않아 수업일 자주 끊길 것에 대한 준비
  → 시스템은 시스템 상근 관리자를 두어서 수업 전후로 문제가 발생하지 않도록 점검하고, 문제에 대한 대안을 철저히 준비한다. 비디오 클립같이 용량이 큰 자료들은 먼저 원격지에 보내서, 원활한 수업이 전달될 수 있도록 한다.
- 지식 전달만 되고, 강의자의 인품 같은 것은 전달 되지 않는 문제
  → 원격수업은 실시간으로 교수와 학생들이 서로를 볼 수 있는 시스템이나 얼굴을 맞대는 다대 일방적으로 강의만 진행하는 것이 아니라 cyber를 이용한 교수－학생간 교수－학생간의 상호작용이 가능하므로 지식 뿐만 아니라 강의자의 인품 같은 것도 전달될 수 있다.

• 지식 동적인 수업이 이루어 지지 않는다.

→ 원격수업에서도 얼마든지 동적인 수업을 할 수 있다. 강의와 휴식, 질문-답변을 적절하게 구성하면 교수-학생, 학생들간의 상호작용이 활발할 수 있다. 원격수업을 통해서도 패널 토의나 토론 등의 팀학습이 가능하다.

포항공대에서의 원격수업은 인문사회계열의 과목 및 교원이 없거나, 수요가 적은 과목들을 학내에서 들을 수 있도록 선택의 기회를 확대시킨다는 장점이 있다. 그러나 동시에 원격화상수업의 한계에 대해 우려하는 바도 있는데 이를 극복할 수 있는 수업전략에 대해 잘 아는 것이 필요하다.

따라서 현재의 강의식 수업과 수동적인 학습 스타일로는 원격화상수업을 한다고 하더라도 큰 수업효과를 기대하기 힘들므로, 효과적인 수업을 위한 교수 전략이 필요하다. 원격화상수업은 일련의 교수 전략에 따라 수업을 조직하면 효과적인 수업이 될 수 있다. 특별히 원격수업은 학생 개개인의 자발적 학습이 기본되는 사항이므로 학생들이 자기주도적 학습 방법도 익히고 교수-학생, 학생-학생간 상호작용 능력을 향상시킬 수 있는 좋은 기회가 될 수도 있다. 다음 장에서는 이를 위한 구체적인 수업운영 전략을 파악하고자 한다.

4.3 원격화상수업 사례

4.3.1 국내외 사례

원격화상 수업의 국내외 사례(동국대학교, 한양대학교, 캘리포니아 주립대학, KCEN, SVA)를 통하여 운영방식, 수업방식, 성공요인, 문제점 등을 알아보았다.

(1) 동국대학교

1998년 1학기 서울-경주 캠퍼스간 원격화상 강의를 시작하였는데, 개설과목은 '한국사회의 이해', '매스컴과 사회', '불교와 사회', '인간 형성론' 4과목이며, 모두 교양과목 이었다. 이중 사례 고찰 과목은 '매스컴과 사회' 이다.

시　　기 : 1998년 1학기

과　　목 : 매스컴과 사회

담당교수 : 동국대학교 신문방송학과 장하용 교수

참여대상 : 동국대학교 서울캠퍼스 70명, 동국대학교 경주캠퍼스 11명

시　　간 : 수요일 오후 2시 ~ 5시

운영방식 :

- 시스템 조작과 점검을 위해 각 캠퍼스에 1명의 조교를 배정하였다.
- 경주캠퍼스 조교의 경우 시스템 관리와 출석점검, 시험감독 같은 강의와 관련된 일도 하였다.

수업방식 :

- 서울캠퍼스에서는 일반적인 면대면 수업이 이루어 졌다. 경주캠퍼스는 빔프로젝터를 통해서 비춰지는 교수의 화상과 음성을 통한 수업이 일어졌다.
- 수업 시작 전, 서울과 경주의 조교가 유선으로 연락을 취하여 시스템을 점검 후 수업을 진행하였다.
- 평가는 시험 2번과 출석을 통해 수행하였다.

문 제 점 :

표 4.1 문제점

구분	문제점
시 스 템	· 화상과 음성의 품질이 매우 떨어져 수업을 하기에 가장 큰 문제점으로 나타났다. 모자이크 현상, 화면 떨림 현상, 음성지연, 끊어짐, 되울림 등과 같은 현상이 나타나 교수의 내용 전달 확인을 위해 강의가 중단 되었으며, 경주캠퍼스의 학생들은 쉽게 피로감을 느끼고 집중력 저하를 보였다. · 전자칠판이 있었음에도 불구하고, 소프트웨어 호환성과 전자칠판의 한계로 인해 칠판을 사용했는데, 경주캠퍼스의 학생들이 잘 보기 위해서는 글자를 크게 섰고, 그림이 한 화면보다 큰 경우 학생들이 이해하기 힘들었고, 교수는 이 사실을 항상 의식하고 수업에 임해야 했다.
운 영	· 시험의 경우 경주캠퍼스 학생들에게 시험문제를 전달하는 과정에 시험문제 유출의 위험이 항상 있었고, 답안 전달의 경우도 우편을 통하였지만 분실 위험이 있었다.

상호작용	・서울캠퍼스의 학생들은 질의 응답하는데 별 문제가 없었지만 경주캠퍼스의 경우 조교의 도움을 받아서 질문을 해야 했다. ・기술적으로는 쌍방향 의사소통이 가능했지만 경주캠퍼스 학생들은 질문을 위해서는 조교에게 마이크를 받아 하는 불편으로 인해 질문의 하지 않았다. ・화질이 떨어짐으로 인해 교수는 학생들의 이름과 얼굴을 구분하기가 힘들었다. ・서울 학생들이 마이크 없이 질문하면, 그 내용을 경주 학생들은 알 수 없었다.

(2) 한양대학교

한양대 대학원에서는 1998년 2학기에 네덜란드의 Twente 대학의 대학원 과목 중 HRD(Human Resource Development)를 공동 운영하였다.

시　　기 : 1998년 2학기

과　　목 : HRD(Human Resource Development)

담당교수 : 네덜란드 Twente University Dr. Nartin Muler

참여대상 : 한양대학교 대학원 박사과정 3명, 석사과정 6명

시　　간 :

1차시 : 1998년 9월 30일 15:30 ~ 18:30

2차시 : 1998년 10월 14일 15:30 ~ 18:30

3차시 : 1998년 11월 11일 16:00 ~ 19:00

4차시 : 1998년 12월 2일 16:00 ~ 19:00

운영방식 :

• 네덜란드 Twente U 대학과 공동 운영하였는데, ISDN 통한 원격화상화의 시스템을 통하여 수업을 진행하였다. 텍스트 자료는 강의사전에 제공되었고, 주요과제와 자료 등은 인터넷을 통해 제공되었다.

화상회의를 이용한 수업　　4회

기말고사　1회

총　　16회

수업방식 :

표 4.2 수업방식

비실시간 학습	웹을 통해 게시된 자료를 전송 받아 학습 수행 웹상의 참고 사이트에서 자료 검색 및 추가 학습을 수행
실시간 학습	교수 – 학생, 학생 – 학생간에 화상회의를 활용한 토론, 직접 강의, 질의 응답, 교수의 피드백 등을 수행

• 각 차시 마다 수업할 내용을 미리 볼 수 있도록 개강 전에 인쇄 매체로 제공되었다.

• 과제

- 학생은 팀별 과제 및 개별 과제 등을 수행하여 전자우편을 통하여 교수에게 제출하였고, 교수가 화상회의 수업 때 피드백을 하였다.
- 기말 과제는 지금까지 수행한 학습과 관련된 모든 활동 및 관련 정보를 수집, 정리하여 작성한 포트폴리오를 제출하여 평가를 받았다.

• 화상회의 수업 4회는 매번 조금씩 다르게 운영되었는데, 이것은 수업 후 수업이 개선되는 방향으로 이루어졌기 때문이다.

표 4.3 각 차시별 주요 활동 내용

차 시	과제관련활동	주요 교수 학습 활동
시작전		코스 등록 및 시스템 점검 인터넷 자기 소개 입력
1 차시	학습 내용과 관련된 추천사이트 탐색 1차시 학생료 예습 1차시 학습세미나	자기 소개 및 인사 전체수업 내용 설명 수업진행방법 소개 강의 및 질의 응답
2 차시	2차시 과제 수행 2차시 학습 자료 예습 2차시 학습 세미나	과제 발표 강의 및 질의 응답
3 차시	3차시 과제 수행 3차시 학습 자료 예습 3차시 학습세미나	과제 발표 교수와 학생 토론 강의 및 질의 응답
4 차시	4차시 과제 수행 4차시 학생료 예습 4차시 학습 세미나	과제 발표 교수와 학생 토론 강의 및 질의 응답

성공요소 :

- 학생들이 학습내용을 사전에 숙지하고 예습을 한 후 토론에 참여하였다.
- 학생과 교수간의 상호작용이 잘 이루어 질 수 있도록 화상의 수업이 조직되었다.
- 수업의 보조교수가 한국 학생들의 이해를 돕고 과제를 수행하도록 도움을 주었다.
- 해외 전문가의 강의를 국내에서 들을 수 있었다.
- 교수의 적절한 피드백은 학생의 심리적 부담감을 학습에 능동적으로 참여하도록 하였다.

문 제 점 :

- 전방향 마이크를 사용한 경우(네덜란드의 교수)에는 잡음이 많았다.
- 의사소통을 영어로 하였기 때문에 완벽한 의사소통이 이루어지지 못하였다.

(3) 캘리포니아 주립 대학

목　　적 : 시스템의 효율성 향상

참여대상 : 22개의 대학 캠퍼스들의 학생들

수업방식 :

- LA외곽에 위치한 CSU Northridge는 1시간 정도 떨어져있는 벤추라 캠퍼스의 학생들에게 수업과 상담서비스를 제공한다.
- San Luis Obispo의 캠퍼스에서는 북쪽으로 200마일 떨어진 Swanton Pacific Ranch의 몇 십 명의 학생들에게 기초수학과 영어수업을 제공된다.

(4) Kansas City Education Network

목　　적 : Kansas 지역 기업의 직원 교육

참여대상 : 과학과 공학의 대학원과정과 학부과정.

운영방식 :

- 직장인들의 근무시간 이후에 실시간으로 수업한다.
- 회사의 설치된 교실에서 수업이 이루어진다.
- 수혜범위를 넓히기 위해 지방의 케이블 회사를 통하여 동시 방송한다.
- 교사와의 상호작용은 양방향 오디오로 이루어진다.

(5) School of Visual Arts

목　　적 : SVA 학생과 교수간에 자유로이 상호작용

참여대상 : 시각 예술(SVA)의 학교의 학생

수업방식 :

유명한 예술가와 SVA 교직원을 위해 David Biedny와 Bert Monroy는 캘리포니아에서 그들의 각각의 스튜디오에서 수업을 진행한다. 그들의 작품을 보여주고, Biedny와 Monroy에 평가 받는다.

4.3.2 사례를 통한 시사점

사례를 통하여 보면 효율적인 원격화상수업의 요인으로 다음과 같은 사항을 들 수 있다.

- 시스템이 음성과 화상을 전송하는데 무리가 없어야 한다.
- 수업 중 학생들의 의견이나 태도에 교수가 즉각적인 피드백을 주어야 한다.
- 100% 강의식 수업보다는 학생간, 교수 - 학생간의 상호 작용 요소를 곳곳에 도입한다.
- facilitators는 보조 교수적 입장으로 학생들에게 부연설명, 과제할 때 도움을 줌으로서 학생들이 수업에 흥미를 잃지 않도록 한다.

4.4 원격화상수업 전략

원격화상수업은 화상강의 시스템과 강의실이라는 환경에서 운영, 관리 및 수업을 진행하고 교수 - 학생간에 영향을 주고받으면서 이루어진다.

4.4.1 수업환경

일반적인 교실수업도 수업환경을 중요시 하지만, 원격화상수업의 경우에 수업환경은 그 중요성이 일반 교실수업에 비할 바가 아니다. 원격화상수업에는 필수적으로 환경이 조성되어야 한다. 전통적인 교실수업은 교수의 역량에 따라서 환경을 제어할 수 있지만, 원격화상수업의 경우는 시스템이 기본적으로 갖추어져야 수업의 성공적 운영에 한걸음 다가갈 수 있다.

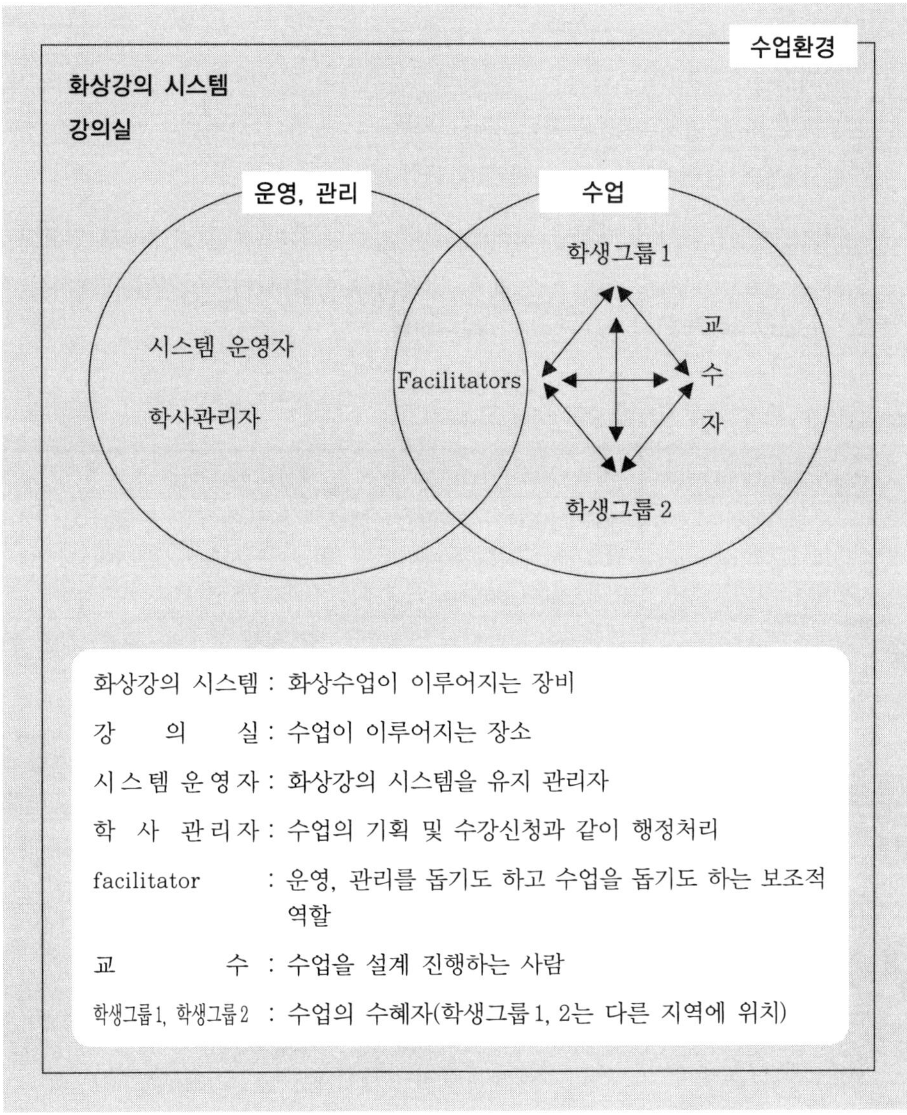

그림 4.1 원격화상수업의 구성 요소

원격화상수업을 위한 환경설정은 우선

① 요구파악과 정의를 하고,

② 강의실을 만들어야 한다.

여기서는 먼저 화상회의 시스템에 관해 알아보고, 환경설정하는 방법을 보도록 한다.

(1) 시스템

원격화상수업이 이루어지는 기반이다. 시스템이 갖추어져야 수업이 이루어 질 수 있으므로 가장 먼저 이루어 져야 하는 부분이다. 그러나 시스템을 마련하는데 있어 막대한 비용이 들어가므로 잘 고려해야 한다.

시스템은 각 회사가 다양한 방식(코덱의 압축방법)의 제품을 내놓고 있으므로 앞으로 호환성을 고려해서 설비해야 한다. 원격화상 수업이 이루어지기 위해서는 각 지역의 시스템이 호환되어야 가능하기 때문이다.

표 4.4 화상 회의 시스템 주요 구성 요소

장치구성	기능
카메라 & 마이크(헤드셋)	동화상을 잡기 위해서 카메라가 음성을 보내가 위해서는 마이크가 필요하다. 필요에 따라서는 헤드셋을 사용하기도 하는데, 컴퓨터를 이용한 멀티포인트 연결에서 주로 사용된다.
컴퓨터	컴퓨터는 화상회의 소프트웨어를 실행 시키며, 통신연결을 주 본체가 되며, codec과 동기화해 영상과 음성을 맞추어 전송하거나 수신한다.
Codec	화상 및 음성 신호를 받아서 디지털로 변화시키고, 디지털 신호를 화상 및 음성 신호로 복원 시키는 기능을 한다.
네트워크	네트워크는 데이터를 전송하는 매개체가 되는 것으로, 데이터의 송수신 및 화면 공유, 어플리케이션 공유 등을 가능하게 한다.

표 4.5 화상 회의 시스템의 주요 기능

기능	기능설명
화이트보드 기능	현재 교실수업의 칠판을 대신하며, 디지털 자료를 띄워 놓은 상태에서도 판서가 가능하다.
다자간 회의 기능	교수 학생간의 질의 응답이나 토론을 가능하게 한다. 다자간 회의 기능의 허용 인원수에 따라서 다른 상호작용이 이루어진다. 너무 적은 인원인 경우 상호작용이 힘들고, 너무 많은 인원의 상호작용이 이루어진다면, 네트워크의 대역폭이 정해져 있으므로 화질과 속도에 영향을 미칠 수도 있다.
공유 기능	실시간으로 변화하는 내용을 학생들이 볼 수 있도록 한다. 컴퓨터를 통해서 시스템에 접근하며, 수업 화면 공유와 어플리케이션 공유가 되어야 한다.

(2) 강의실

강의실은 수업이 이루어지는 장소이다. 그렇다면 화상회의 시스템을 설치할 때 유의할 사항은 다음과 같다. 장소이며, 하나 더 고려해야 할 사항이 자리 배치이다. 자리 배치에 따라서도 상호작용이 달라질 수 있으므로, 학습형태에 따라 자리 배치를 고려하도록 한다.

■ 요구분석과 정의

- 수업을 들을 위치 결정(교수가 실제로 있어서 진행하는 강의실 또는 교수 없는 강의실(지역학습관))
- 참가인원
- 교수가 사용할 자료(35mm 슬라이드, 전자현미경, pc 상의 정보, 비디오자료등)의 형식

■ 강의실 만들기

- 한 사람당 30~35 평방미터를 공간을 만든다.
- 주변에 소음이 적은 곳에 잡는다.
- 벽, 천장에 흡음제를 덧씌운다(메아리 등의 불필요한 음파 제거).
- 간접조명을 사용해서 그림자가 생기지 않도록 한다.
- 사용하기에 편리하게 시스템 제어판을 설치한다.

■ 자리배치유형

① 강의실형 배치 : 상호작용을 좀 더 조장하기 위해 강의 중에 인터뷰나 패널 토론 등을 도입할 여지가 많으므로 이동이 가능한 책걸상을 배치한다.

② 극장형 배치 : 대형 스크린에 초점을 모을 때 사용하는 방식이며, 지역 그룹의 상호작용을 제한하는 형태이다. 학생들을 설득하거나, 행동을 독려할 때 권장한다.

③ 워크샵형 배치 : 주된 프리젠테이션 중심 강의와 학생 중심의 팀학습을 원할 때 학생의 상호작용 측면에서 좋은 방법이며, 이동식 책상과 정방형을 앉을 수 있도록 준비한다.

4.4.2 수 업

수업이 이루어지도록 하는 인적요소는 교수, 학생, facilitator들이다. 교수는 수업의 준비, 진행, 평가를 담당하고, 학생은 교수자 준비한 수업을 통해 인지적 변화를 얻을 수 있고, facilitator는 교수를 도와 수업이 원활하게 이루어지도록 조력하는 역할을 한다.

(1) 교수

수업을 하기 위한 교수의 역할은 수업의 준비, 진행, 평가이다.

■ 수업 준비하기

준비 단계에서는 이 수업을 통해 이루어야 하는 학습목표를 설정하고, 학생이 학습목표를 달성하기 위한 세부 계획을 수립하고 그에 관련된 자료 제작 등을 한다.

■ 수업 과정 계획세우기

구 분	내 용
학 습 결 과	학습목표는 무엇인가?
학습자 분석	학생들의 성향이나 학습스타일, 선수 학습 정도 등을 조사한다.
방법 및 활동	주제를 어떻게 전달할 것인가(강의, 토의, 작문 등)? 예 예습(인터넷에 읽을 자료) 강의(교통법규 위반 사례 설명) 토론(팀별로 자신의 경험을 토론) 강의(토론에 대한 법적 근거) 작문(주제 : 교통코리아)
시 간	각 활동별 소요시간과 휴식 시간을 배치한다.
판 서	학생들에게 판서를 어떤 형식으로 제공할 것인가? (유인물, PPT자료, 전자칠판 등)
자 료	학습을 위해 필요한 시청각 자료의 유형은? 예 판서 유인물, 공익광고 비디오 클립 등
장 비	수업을 진행하기 위해 필요한 장비들은 무엇인가? (비디오 클립 재생기, 오디오 클립 재생기, 전자칠판 등)

수업 과정 계획을 세울 때, 원격화상 강의 시스템을 사용하는 목적을 잊지 않도록 유의한다.

■ 자료 수집 및 제작

수업 과정 계획을 세웠다면, 계획된 자료를 수집 및 제작하는데, 다음 사항을 유의한다.

① 스크린의 가시 비율에 주의 한다.

스크린의 비율과 OHP필름의 비율은 다르다. 그러므로 화면에 어떻게 보여질지를 예상하지 안는다면 준비한 그림 등을 제대로 보여줄 수 없을 수도 있다. 스크린의 가시 비율에 맞추어 자료를 제작해야 한다.

- 전자칠판에 서체는 볼드체, 크기는 40포인트 이상으로 하고, 진한 파랑, 빨강, 초록색의 사용은 피한다.
- 컬러 스펙트럼의 중앙의 색 사용한다.
  읽을 수 있는 이미지를 만들 때, 푸른색 바탕에 황색글자를 쓰는 것이 보통이다. 그러나 대부분의 사람들은 원색 인쇄를 실행할 수 없기 때문에 파스텔의 종이에 검은 글자는 적절하다.
- 사용하고자 하는 자료가 저작권이 있는 자료인가 확인하여 분쟁이 일어나지 않도록 한다.

■ 수업 진행하기

수업 계획대로 진행하는데 있어서 다음의 사항을 유의한다.

① 과정

- 간단한 설명보다는 활동적인 경험(토론, 프리세션 등)을 하도록 한다.
- 다양한 변화와 상호작용으로 학생들의 관심을 유지한다.
  강의가 15분 이상 지속되지 않도록 하고, 질의 응답 또는 토론으로 강의를 교체한다. 또는 관련된 짧은 멀티미디어 자료를 활용한다. 학생들의 피드백을 위해 원격지에 강사 초청도 하나의 방법이다.
- 산만함을 줄여야 한다.
  다양한 변화가 일어나야 하지만 산만한 상태가 되어서는 곤란하다. 판서의 내용을 전달하는데, 과도한 스틸 이미지의 사용은 자제하고, 수업과 상관없는 음악이나 학생들의 수다는 학습을 산만하게 한다.
- 짧은 단위의 비디오 클립을 주로 이용하고 긴 단위를 보여주려면 원격지의 facilitator에게 비디오 테이프를 보낸다.

② 상호작용

- 대화를 장려한다. 스크린을 통해서 교사와 상호작용을 하게 되므로, 원격지의 학생들은 면대면 학생들보다 질문을 덜하게 된다. 학생들이 어리둥절해 하거나 산만해 보일 때 교사들은 원격지 학생들의 비언어적 표현(예 바디랭귀지)들을 잘 관찰하고 질의 응답시간을 마련하여 참여하도록 한다.
- 교수가 학생들에게 시의 적절한 피드백을 제공한다.
  수업 초기에는 학생들의 개별적인 격려의 피드백은 학생의 동기를 유발시키며, 수업 중기와 후기에는 학습내용과 관련한 교정 및 학습안내 피드백의 제공은 학생의 학습을 촉진 시킨다.
- 학생들과 눈맞춤을 하고, 이름의 사용하는 것은 학생들을 편안하게 한다. 면대면 수업에서는 너무나 자연스러운 일이지만 스크린을 통해서는 어색해 보인다. 교사들은 원격 학생들에게 시도하는 특별한 노력을 해야 한다.

<시스템>

- 조명에 유의한다(조명 빛의 의해 스크린이 안보일 수 있다).
- 카메라의 위치에 유의한다(카메라의 시야를 알고 그 범위 내에서 움직인다).
- 의상은 어둡거나 단색의 의상을 선택한다(밝거나 어지러운 무늬는 스크린을 산만하게 만들며, 학생들의 집중도를 떨어뜨린다).
- 전자칠판에 판서할 때 큰 글씨체와 분명한 색을 사용하여, 스크린에서 분명히 보이도록 한다.

③ 강의

- 정확한 발음을 한다. 원격 수업에는 네트워크 선을 통해서 음성과 영상 신호를 주고 받는다. 그러므로 신호를 주고 받을 때 데이터 손실이 발생하기 때문에 분명하게 발음해야 원격지의 학생이 강의를 알아 들을 수 있다.
- 유연한 동작을 한다. 화면의 데이터 전송능력을 고려하여 몸동작 등을 천천히 한다.

■ 운영평가

더 효과적인 원격수업을 위해서는 수업에 대한 평가가 이루어져야 한다. 교육 프로그램에 대한 평가는 학생의 반응도, 성취도, 현장 적용성, 최종결과 평가로 분한다. 수업을 녹화하여 다시 보고, 수업이 완벽할 때의 주요 상황들을 메모하여 다음 수업에 반영할 수 있도록 한다. 수업 후에 다음의 내용을 교수, 학생, facilitator들에게 질문한다.

- 강의에 소요되는 총 시간은? (50% 미만~30% 이상 유지한다.)
- 수업 시간 중에 강의하는데 소요되는 시간은? (20분 미만으로 유지)
- 휴식이 포함되었나?
- 원격지의 학생들과 관계가 형성되었나?
- 학생들이 학습 목표를 알고 있는가?
- 수업에서 비디오 연결을 할 수 있는가?(인쇄, 전자 메일, www, 촉진자)
- 성공적인 수업을 위해 어떤 지원이 필요한가?
- 평가 시간은 포함되었는가?

(2) 학생

학생들의 학습은 "내용이해", "교수 - 학생간의 상호작용", "학생간의 상호작용"의 세가지 요소로 나누어 볼 수 있으며, 이 세가지 요소가 유기적으로 관계를 형성할 때 좋은 학습 결과가 나타날 수 있다.

표 4.6 원격교육에서의 상호작용 유형

	효 과	형 태	방 법
내용이해	학생의 인지적 변화 (이해력, 전망, 사고력)	자기 자신의 경험과 지식을 통해 이해	교재, 라디오, TV 프로그램, 오디오 테이프, 비디오 테이프, 컴퓨터 소프트웨어 등
교수 - 학생 상호작용	상호작용 방법 습득 학습	원격교사 (교과과정 기획, 학생들의 흥미 증진, 학생들의 동기 유발, 학습내용 제시, 학생들 조직, 평가)	편지교환, 전화, 원격화상회의
학생간의 상호작용	높은 성취도 달성	학생간의 토론 및 기타적인 대화형태	전자우편, 채팅 등

이런 세가지 활동을 통해 학생들은 지적으로 더욱 성숙해 질 수 있으며, 심리적으로 안정된 상황에서 학습에 임할 수 있다. 반면에 구조화 되지 않은 자료를 통해 학습한다면, 학습경로를 잃어 버릴 수 도 있으며, 적절한 피드백을 받지 못할 때는 심리적 안정감을 갖지 못해 불안한 상황에서 학습에 임하게 된다.

원격화상수업에서는 “내용이해” 측면은 교재, 수업자료 등으로 이루어지며, “학생 - 교수간의 상호작용” 측면은 원격화상회의 시스템을 통해 이루어지며, “학생 - 학생간의 상호작용” 측면은 화상회의 시스템 상에서 토론 등을 할 수도 있고, 가상공간을 활용하여, 전자우편이나 컴퓨터 채팅, 게시판 등을 이용 하는 것도 하나의 방법이다.

원격화상수업이 기대한 학습효과를 얻으려면, 다음의 사항을 고려하여 진행한다.

① 학생들이 예습을 해야 한다. (“내용이해” 측면)

원격화상수업의 경우 학생들의 모든 유형의 상호작용이 강조되고 있다. 스크린을 통한 교수는 면대면 보다 집중력이 쉽게 떨어지는 것이 사실이다. 그러므로 내용에 대한 집중도를 높이기 위해시 필요하다.

• 저널을 쓰게 한다. (“내용이해” 측면)

수업을 하고 나면 학생들이 자신이 배운 내용을 내면화 시켜야지 학습이 된 것이다. 더군다나 다양한 방법으로 진행되는 원격화상수업의 경우 자칫 산만함 때문에 배운 것이 없다고 여기질 수 도 있다. 그러므로 학습내용을 내면화 시키는 것을 교수가 유도해야 한다. 그 방안이 저널 쓰기 이다. 저널에 포함되어야 하는 내용은 다음과 같다.

• 수업의 목적은 무엇인가?
• 수업의 과정에서 어떤 활동을 했으며, 나의 역할과 기여도는?
• 수업을 통해 무엇을 배웠는가?
• 실생활에 어떻게 활용할 것인가?

② 토론하고 질의 응답하는 훈련이 되어 있어야 한다(“교수학생 상호작용”과 “학생간 상호작용” 측면).

토론 및 질의 응답이 있으려면 학생들이 자신이 말하고 싶은 것을 표현할 줄 아는 능력이 필수적이다. 만약 이런 자질이 부족하다면 수업초기에 쉽게 접근할 수 있도록 훈련을 시켜야 한다.

③ 관계맺기(“교수학생 상호작용”과 “학생간 상호작용” 측면)

구성원들(교수, facilitators, 동료학생)과 개인적인 관계를 가질수록 상호작용이 원활하게 이루어진다. 이런 관계는 수업 전 오리엔테이션을 통해 서로 친밀감을 가지고 수업에 임하게 하는 것이 좋다.

(3) Facilitators

Facilitator는 성공적인 수업이 되도록 교수와 운영관리를 도와주는 역할을 한다. Facilitator들의 역할이 중요한 것은 교수의 부담을 덜어주고, 원격지에서는 보조 교수로서 학생들의 수업을 원활하게 하며, 학생들의 관계형성에 많은 영향을 미치기 때문이다. 그러므로 facilitator들을 선발할 때도 해당과목의 이해가 있으며, 대화를 활성화 시킬 수 있는 능력이 있어야 한다. Facilitator들의 능력이 뛰어날수록 효과적인 수업이 이루어질 수 있다.

표 4.7 Facilitator의 역할과 자질

구분	내 용	
역할	수 업	수업시 토론지도 학생들의 상호작용 활성화 조력 시험감독 홈페이지 상의 질의 응답
	운영관리	출석 체크 홈페이지관리 학사관리보조 시스템보조
자질	해당과목에 대한 지식(부연설명 가능해야 함.) 대화촉진 능력	

4.4.3 운영 및 관리

원격화상수업이 잘 이루어지기 위해서 운영 및 관리를 잘 해야 하며, 역할 담당자는 학사 관리자, 시스템 운영자, facilitator가 담당한다.

(1) 학사 관리자

원격화상수업의 과목 선정 및 학사관리를 맡는다. 원격화상수업이 잘 이루어 질 수 있도록 전반적인 책임을 진다.

■ 학생수

화상강의에 적합한 학생수란 있을 수 없고, 어떤 수업을 하느냐에 관련이 있다. 수업에 따라서 장비의 설정이 달라야 한다.

① 단순 지식 전달 수업

원격 교육의 주요 특징인 다수에게 같은 교육 서비스를 원한다면, 학생수의 가이드 라인은 없고, 무제한으로 제공할 수 있다. 그러나 이 경우는 학생간, 교수 - 학생간의 상호작용이 일어나기가 힘들다. 예로 교육방송을 들 수 있다. 실시간 화상회의 시스템을 사용할 필요는 없으며 단지 녹화시스템이 필요한 것이다.

② 상호작용이 있는 수업

교실수업과 같은 상호 작용을 화상강의 수업에 도입하려면, 학생이 20명 정도가 적당하다(장하용, 1998). 만약 1인 1마이크 시스템이 설치된다면 좀 더 많은 인원수도 가능하지만 30명은 넘지 않아야 한다. 현재의 수업에서도 그러하듯이 학생수가 많으면 교수가 학생과의 상호작용하기가 힘들어진다. 이것은 화상강의 시스템하에도 마찬가지인데, 화상강의 시스템에서는 화면으로 보고, 마이크를 통하여 상호작용하기 때문에 현재의 수업방식 보다 좀 더 제한적이기 때문이다. 그렇기 때문에 교실 수업보다는 좀 적은 인원이 적당한 것이다.

■ 학점

학점은 각 학교의 시스템을 따라야 하겠지만, 화상강의가 갖는 주요한 특징이 교실수업을 대체할 수 있으므로, 2~3학점 사이가 적당하다. 원격화상수업의 경우 한번에 많은 수업을 하기가 어려우므로 한시간 단위로 끊는 것이 좋기 때문에 수업을 한시간 기준으로 해서 한 주에 2번 할 수 있다면 2학점, 3번 할 수 있다면 3학점으로 학교의 사정에 따라 정하면 된다.

■ 학사 관리자 유의사항(checklist)

학사 관리자 유의사항은 부록의 체크리스트로 제작되어 있다. 이것은 학사 관리자의 역할을 실수 없이 할 수 있도록 도와줄 것이다.

(2) 시스템 운영자

원격화상수업에서 시스템이 항상 데이터를 주고 받을 수 있는 상태로 유지하는 것이 중요하다. 이것은 교육도중에 전송 상태가 좋지 않아서 끊기거나 한다면 학생들의 학습욕구를 저하시킬 수 있으며, 강의자 또한 강의에 열의가 많이 식을 것이다.

■ 시스템 운영자 유의사항(checklist)

시스템 운영자 유의사항은 부록의 체크리스트로 제작되어 있다. 이것은 시스템을 운영하고 관리를 완벽하게 할 수 있도록 도와줄 것이다.

4.4.4 예상 문제점 및 대안

원격화상수업을 진행할 경우 예상되는 문제점과 그 대안을 설명하고자 한다.

(1) 비용적인 문제

화상 회의 시스템은 비용절감 효과에서 사용한다면 좋은 방법이 아니다. 먼저 엄청나게 초기 시스템 비용이 들어가고, 유지비 또한 꾸준히 들어간다. 학교간 다른 표준의 코덱을 사용하므로 모든 학교의 모든 강좌가 연결될 수 없는 것이다.

또한 비용 절감 효과를 얻으려면 대규모 강의에 적용해야 하는데, 면대면 수업을 대신할 정도로 상호작용을 극대화한 수업을 하려면 많을 인원을 수용하기 힘들다. 상호작용을 없애고 단지 강의만을 한다면 화상 회의 시스템 보다는 녹화된 비디오를 상영하는게 훨씬 더 저렴한 비용이 들것이다.

그러므로 이런 비용 효과보다는, 화상 회의 시스템의 특징인 양방향 상호작용에 그 중심을 두고, 지역적 한계를 벗어나 다양한 지역의 학생들과의 교류가 가능하게 수업이 조직되어야 한다.

(2) 수업 중 시스템 에러

수업 도중에 원격지와의 연결이 해제된다면 수업의 흐름이 끊어지고, 학생들의 집중도 흐트러지게 마련이다. 그러므로 시스템을 사전에 테스트하여 수업 중에 문제가 일어나지 않도록 하며, 만일에 일어날지도 모르는 사태에 대해서 시스템 관리자가 수업 중에 대기하도록 한다.

(3) 교사들의 장비 조작 미숙

대부분의 경우 교사는 장비 조작에 대해 미숙한 경우가 대부분이다. 그러나 교사가 장비의 특징을 잘 이해하고 사용할 수 있다면 장비에 문제가 생겼을 경우 빠른 대처를 할 수 있으며, 수업을 진행하는데 있어서도 매끄럽게 진행될 것이다. 물론 장비 관리자가 항상 수업에 참여한다고 해도, 교사가 알고 있으면 좀 더 신속한 대처를 할 수 있기 때문이다. 그러므로 사전에 교사에 대해 장비 조작에 대한 오리엔테이션이 필요하며 오리엔테이션과 더불어 항상 장비 사용에 대한 팁이 교사의 손 닿는 곳에 위치해야 한다.

장비 조작에 관한 오리엔테이션에는 다음의 내용이 포함되어야 한다. 코덱과 모니터 다루기, 원격지 호출하기, 기점과 원격지의 장소와 카메라 초점과 제어하기, 음량을 받아들일 수 있는 수준에 맞추기, 먼 위치에 밖으로 연결하기, 적당한 데이터 신호속도를 선택하기, Document camera로 바꾸기, 컴퓨터 출력으로 바꾸기, 컴퓨터를 멀티미디어 프리젠테이션 생성하기, 표시하기 위해 이용하는 것들 다루기, VCR을 모든 위치에 비디오를 방송하기 위해 사용하기, 원격지의 링크를 종료하기, 장비를 끄기 등이다. 수업 또는 학회에서는 교사가 화상 회의를 시작하거나, 감시하는 것을 도울 전문가가 있다.

그러나, 전문가가 반드시 있다는 보장도 없으며, 있지만 도와줄 시간이 없을지도 모르기 때문에 교사는 과정을 알고 있어야 한다. 만일 장비를 이용할 수 없는 교사가 있고 초청연사가 장비조작을 위한 지원이 필요로 한다면 그들은 장비를 조작하기 위해 상호간에 많은 말을 하게 될지도 모르는 상황이라면, 학생 교육은 비판적일지도 모른다.

화상 회의 시스템은 먼 거리의 학생을 위한 효과적이며 교육적인 도구일수 있다. 다른 기술과 마찬가지로, 그 유용성은 비용한계와 사용 전략에 대한 교수 이해에 직접 관계가 있다.

(4) 학생들의 집중도 저하

화상강의를 할 경우 학생들의 집중도가 교실 수업에 비해 현격하게 떨어진다는 것은 여타 보고서에서 증명되고 있다. 그러므로 화상강의를 왜 해야 하는지를 이해해야 한다. 화상강의를 하게 된 이유는 우리 학생들에게 필요하지만 포항이라는 지역적 한계로 인해서 유명한 강사를 모시기가 어렵기 때문이다. 그렇다면 강의의 내용이 학생들의 집중도를 높여지도록 진행해야 한다. 먼저 강의 지속시간이 30분을 넘기기 않도록 한다. 강의를 30분 이내로 하면서 화상으로 보았을 때의 문제점인 강사의 얼굴이 똑바로 보이지 않는 점을 해결하여, 즉 카메라를 향해 똑바로 보며, 발음이 정확해야 하며, 학생들이 눈길을 잡아둘 수 있는 쇼맨쉽이 필요하다.

(5) 수동적 학생들

화상 회의 시스템으로 수업이 잘 이루어지려면 학생들의 적극적인 참여가 있어야 한다. 질의 응답이 잘 이루어져야 하며, 토론을 진행하면 잘 이루어져야 한다. 그러나 포항공대의 학생들은 면대면 수업에 질문이 거의 없으므로, 화상 회의 시스템을 진행한 수업을 진행함에 있어 우려를 표시할 수밖에 없다. 이 문제는 오리엔테이션을 통하여 교수 학생간에 인간적인 유대감을 가질 수 있는 오리엔테이션을 갖는 것도 하나의 방법이다. 또한 교수가 질문을 학생들이 답을 할 수 밖에 없도록 하는 방법도 있고, 오리엔테이션을 통하여 토론 연습을 시키기도 하며, 학습 능력이 뛰어나다면 자기주도적 학습을 할 수 있도록 여건을 마련하는 것도 하나의 방법이다.

(6) 상호작용에 많은 시간 소요

교수가 즉각적인 피드백을 해주어야 한다. 그러기에는 교수의 시간이 너무 많이 소요되는 것이 문제인데, 이것은 자주 질문 되는 유형을 검출하여 자동 응답시스템을 만들거나 facilitators의 도움을 받아 함께 하도록 한다.

4.5 화상 수업 지원을 위한 사이버 공간의 활용

사이버 공간은 원격화상수업의 부족한 상호작용을 보완할 수 있는 중요한 요인이 된다. 기본적인 공지사항부터 학생간 토론까지 보완 할 수 있다. 그러므로 수업 과정 계획 수립할 때 사이버 공간활용 방안도 함께 고려하도록 한다.

4.5.1 내용이해 측면

- 학습내용과 다른 사이트 정보를 데이터 베이스화 하여 학생 스스로 필요한 내용을 학습할 수 있어야 한다.
- 학습에 도움이 될 만한 참고자료 소개 및 유용한 사이트 소개한다.
- 내용에 관련된 내용을 스스로 학습할 수 있도록 유도한다.
- 학생이 자기주도적 학습을 잘 하지 못하는 경우라면 읽어보기, 요약하기 등의 과제를 준다.

4.5.2 교수 - 학생간 상호작용 측면

- 질의 응답을 돕기 위해 다양한 방법을 활용한다. 전자메일, 게시판, 채팅 등을 활용하여 수업 시간중의 못한 질문들을 하도록 한다.

- 수업과 별도로 화상 질의 응답 시간을 잡아서, 학생들이 개인적으로 비디오 컨퍼런스를 통하여 질의 응답을 할 수 있도록 한다. 학생들이 익숙해져 자발적으로 할 수 있을 때까지 과제 등을 통해 강제성을 부여하는 것도 하나의 방법이 될 수 있다(컴퓨터를 통한 화상회의 시스템은 기존 컴퓨터에 화상카메라만 설치하면 된다).
- 이런 환경에 쉽게 접근하기 위해서는 자주 활용하는 길밖에 없다. 그러므로 공지사항, 숙제 등은 수업에 앞서 먼저 공지하도록 한다.
- 교수 학생간에 자기 소개와 사진을 올리도록 하여 수업 초반부에(수업 전이면 더욱 좋다) 교수 학생들이 적어도 얼굴과 이름정도는 알고 시작하도록 한다.

4.5.3 학생간 상호작용 측면

학생들의 수업 외적인 소집단 활동을 권장한다. 수업만을 통해서는 학생들끼리 친근감을 느끼지 못한다. 친근감이 없으면 학생들 간의 상호작용이 일어나기 힘들다. 그러므로 소집단으로 토론이나 공동과제를 통해, 학생들 간의 상호작용이 잘 일어날 수 있도록 조직해야 한다.

이런 방법들 중 한가지만 활용해서는 성공적인 수업을 하기 힘들다. 위의 방법들을 적절하게 활용하면 원격화상수업을 효과를 배가 시킬 것이다.

4.6 결론

원격화상수업은 기존 강의실 수업과 가장 비슷한 원격수업 매체라는 점에서 교수나 학생들이 쉽게 적응할 수 있는 수업방법이라고 할 수 있다. 특별히 우리대학이 갖고 있는 학과나 지역적 한계로 인해 제공할 수 없었던 수업을 효과적이고 다양하게 제공할 수 있는 가능성을 갖고 있다. 그러나 원격화상수업 시스템의 특징들을 무시한 채 면대면 수업과 같은 방식으로 수업이 진행된다면 많은 비용을 지불한 원격화상수업이 그 효과를 달성하기 힘들게 된다.

그렇다면 효과적인 원격화상수업이 되기 위해서는 수업환경, 수업, 운영 및 관리를 어떤 방법으로 해야 학습효과를 극대화 시킬 수 있는지 중요한 요인들을 살펴 보아야 한다.

(1) 수업환경 면

원격화상수업의 수업환경은 화상회의 시스템과 이것이 설치된 장소(강의실)를 말한다. 이 시스템에서는 칠판 대신 전자칠판(화이트보드), 교수 - 학생, 학생간의 질의 응답, 토론 등의 상호작용이 가능한 다자간 회의 시스템을 갖추고 이것이 원격지에서 실행될 수 있도록 공유하는 기능이 있어야 한다. 강의실은 효과적인 수업을 할 수 있도록 목적에 맞는 자리배치를 해야 하며, 되도록 이동에 편리한 이동식 책상과 걸상을 사용하는 것이 좋다.

(2) 수업

수업이 이루어지기 위해서는 교수, 학생, facilitator들이 각자의 역할을 잘 해야 한다. 교수는 수업을 계획 및 준비, 실행하는데 이 때 교수 - 학생, 학생들간의 상호작용의 극대화, 학생들의 주의집중 유지를 그 중심으로 삼고 계획 및 실행해야 한다. 여기서 부족할 수 있는 상호작용은 사이버 공간을 활용하면 소기의 목적을 달성할 수 있다. 더불어 원격지의 수업에서는 facilitator의 역할이 효과적인 학습에 결정적인 역할을 한다. Facilitator는 교수 대신에 학생들이 수업에 잘 참여할 수 있도록 지도하고 도움을 줘야 한다. 수업이 끝났으면 수업 과정을 평가하여 다음 수업에 반영하여, 다음 시간 수업에는 더 효과적인 수업이 되도록 힘써야 한다.

(3) 운영 및 관리

원격화상수업에서는 운영 및 관리가 조직적으로 이루어져야 하는데, 학사 관리자는 원격수업의 기획 및 조직을 체계적으로 하며, 시스템 관리자는 수업 전후의 시스템을 점검하여 수업이 무리 없이 진행되도록 한다.

이와같이 일련의 사항을 잘 고려하여 수업을 조직한다면 원격화상수업을 진행할 때 만족할 만한 효과를 얻게 될 것이다. 날로 가속화하는 정보기술의 발달로 인해 앞으로 거리의 한계로 인한 학습의 제한은 최소화할 수 있을 것으로 본다.

Chapter | 05

강의식 수업과 토론식 수업

5.1 강의식 수업

5.1.1 강의법의 개념

강의법은 지식이나 기능을 교수중심의 설명을 통해서 학습자에게 전달하고 이해시키는 교수법으로 중요한 정보를 효율적이고 능률적인 교수의 말로써 학습자에게 전달하도록 설계된 수업모형이다.

5.1.2 강의법의 특징과 장단점

강의법의 특징은 첫 째, 해설이나 설명에 의해 수업이 진행되고 언어를 통한 학생과 교수의 상호작용이 주된 교수 학습의 모습이다. 둘 째, 유의미한 학습(학습자의 참여를 유도)과 아울러 기계적 학습(주입식 수업)이 일어날 수 있다. 셋 째로, 수업자가 지닌 지식이나 정보 등을 전달할 수 있다.

강의법의 장점은 단시간에 다양한 지식과 내용을 학습할 수 있고, 교과내용의 보충 · 가감 · 삭제가 용이하다. 그리고 학습자의 감정자극을 동기화 하는데 용이하며, 수업자의 의사대로 학습 환경 변경이 용이하다. 또, 수업자의 의지대로 수업시간과 학습량을 조절할 수 있다. 단점으로는, 수업이 교과서 읽기에 치우칠 우려가 크고, 학습자의 개성과 능력이 무시되는 획일적 교육이 되기 쉽다. 또, 추상적인 개념전달로 학습능력이 낮은 학습자는 요점파악이 곤란하여 수업에 흥미를 잃기 쉬워 학습자의 동기가 지속되기 어렵다. 그리고 학습자의 개별화와 사회화가 어렵다.

5.1.3 강의식 수업의 모형

강의식 수업은 학습자에게 개념, 원리, 법칙 등을 해설 또는 설명을 통하여 학습시키는 교수 중심적 수업방법 중 하나이다. 강의식 수업 모형에는 Andrews와 Jacobsen 등의 설명식 수업모형과 Ausubel의 선행조직자 모형이 있다.

먼저 Andrews와 Jacobsen 등의 설명식 수업모형에서 Andrews의 강의식 수업모형은 구체적인 자료를 사용하여 명확한 지시와 설명이 주가 되는 교수중심 수업 3단계로 이루어져 있다. 1단계는 후속될 학습내용의 이해를 돕기 위한 명확하고 해설적인 일반 개념을 도입하는 단계이고, 2단계는 개념 혹은 주제에 대한 새로운 정보나 내용이 투입되고 학습자들은 적용활동, 응용활동 등을 함으로써 다양하고 풍부한 자료를 가지고 개념을 설명하는 단계이다. 3단계는 새로 습득한 정보를 확충하고 일반화를 위한 보충과제를 제시하는 일반화 단계이다.

Jacobsen이 제시한 설명식 수업모형은 각 단계마다 핵심적인 활동주도자를 명시하고 있는 것이 특징이다. 총 5단계로 이루어져 있으며, 1단계~3단계의 활동주도자는 교수이며, 4단계~5단계의 활동주도자는 학생이다.

교수가 활동 주도자인 1단계는 개념과 용어를 정의한 다음 명확히 알아가는 단계이고, 2단계는 상위 개념을 찾아서 연관을 짓는 단계이다. 3단계는 긍정적이거나 부정적인 예들을 제시하며 수업을 진행하는 단계이다. 학생이 활동주도자인 4단계부터는 교수가 제시한 다양한 예들을 분류하고 설명하는 단계이고, 마지막 5단계는 그 이외의 또 다른 예를 들어보는 단계이다.

Ausubel의 선행조직자 모형은 학습자에게 먼저 설명을 통해 포괄적 아이디어를 제시한 다음, 점점 단편적인 아이디어를 제시해 나가는 것이 특징이다. 3단계로 이루어져 있으며, 1단계에서는 선행 조작자의 예시로서 수업 목표를 명확히 하고, 선행조직자를 제시하고, 학습자가 지니고 있는 사전지식과 경험을 현재의 수업내용과 연결 지을 수 있도록 자극하여 학습할 의욕을 고취 시킨다. 2단계는 학습과제 및 자료를 제시하는 단계로 학습과제의 구속성과 실사성을 분명히하여 학습 자료의 논리적 조직을 명확히 하고, 점진적 분화의 원리(점진적 분화의 원리란 일반적이고 포괄적인 지식을 먼저 학습자에게 제시하고, 그 다음에 점진적으로 세부적이고 상세한 것으로 분화시켜 나가는 것을 말한다)를 이용하여 자료를 제시한다. 3단계는 학습자의 인지 구조를 굳히는 단계로, 통합조정의 원리(전후 학습내용들간에 서로 밀접한 관련을 맺도록 해주는 것이다)를 이용하여 적극적 수용학습의 분위기를 조장하고, 학습 내용에 대한 비판적 접근을 유도하여 학습내용을 명료화 하는 단계이다.

표는 강의식 수업의 3단계 절차를 보여준다. 1단계에서는 학습 문제를 파악하고, 2단계에서 학습문제를 해결해, 마지막 3단계에서 일반화 과정을 거치게 된다.

표 5.1 강의식 수업의 절차

단계	구체적 활동 내용
단계 1 학습문제 파악	· 학습자들과 우호적인 관계의 형성 · 학습목표의 제시 · 학습동기의 유발 · 선수학습의 확인 및 처치 · 선행조직자의 이용
단계 2 학습문제 해결	· 학습할 개념, 원리, 법칙 등 학습내용의 제시 및 설명 · 필요한 학습 자료와 매체의 체계적인 제시 · 학습문제 해결 · 지속적 주의집중 시키기
단계 3 일반화	· 문제해결의 연습 및 여러 가지 예제의 적용 · 통합조정의 원리 이용 · 학습내용의 강조 및 요약정리 · 심화 및 확충설명 · 차시 예고 및 과제의 제시

5.1.4 효과적인 설명 방법

효과적으로 설명하는 방법은 수업 시 정의 또는 일반적인 서술을 사용하고, 비교형식을 사용하여 설명한다. 그리고 실례나 사실을 제시하거나 지적하면서 진행하고, 증명을 사용하여 설명하고, 마지막으로 학생이 알아들을 수 있는 용어를 사용한다.

5.1.5 발문의 목적과 기법

발문의 목적은 학생들이 알고 있는 지식과 알지 못한 지식을 파악하고, 학습자의 사고력 개발, 학습의 동기화를 위해 필요하고 학습자들이 학습 자료를 조직하고 해석하는데 도움을 준다. 산만한 학생들이 있을 경우, 주의의 관심을 돌려 수업 분위기를 다시 잡을 수 있고, 학생의 기존지식과 새로운 지식을 연결해줄 수 있다.

발문의 요령으로 학습자의 학습의욕을 불러일으켜야 하고, 너무 추상적이거나 막연한 발문은 피하고 구체적으로 해야 한다. 단순한 기억 재생적 발문은 피하고, 학습자의 사고를 자극하는 개방적 발문을 하고, 발문을 한 다음에는 생각할 시간을 주어야 한다. 그리고 마지막으로 학생의 능력에 맞는 발문이어야 한다.

학습자의 대답을 처리하는 요령은 올바른 대답에 대해서는 인정과 칭찬, 격려를 해주고, 그른 대답에 대해서는 감정적인 반응을 하지 말고, 그렇게 대답한 원인이나 배경을 물어 본다. 정답을 말했을 때, 교수가 반복하거나 보충설명을 해주어 전체에게 알려주고, 대답에서 흔히 나오게 되는 학습자들의 일반적 오류를 찾아내서 고쳐주도록 한다. 그리고 학습자의 대답을 들으면서 학생의 흥미와 사고과정을 발견한다.

5.1.6 판서의 요령

판서는 사전에 미리 계획을 세워서 시행하여야 하고, 강의의 내용을 쉽게 이해할 수 있도록 간략하게 요약하여 제시한다. 글씨는 뒤에 앉은 학습자도 보일 정도의 크기로 정확하고 너무 빠르지 않게 쓰며, 강의내용을 한꺼번에 너무 많이 적지 않는다. 강조하고 싶은 내용이 있으면 색 분필을 사용하거나 글씨 크기의 조정, 밑줄 등의 방법을 사용한다. 판서 중 학습자들의 주의가 산만해 질수 있으므로 너무 오래 등을 돌리고 있지 않는다. 판서한 내용은 자주 지우지 말며 판서 보조 자료와 괘도, 사진, OHP 등을 병행해 수업구성을 입체화한다.

5.1.7 시각 자료의 활용

(1) 인쇄자료(유인물, 팜플렛)

학습을 시작하기 전에 선행 조직자를 통한 학습 내용에 대한 소개나 학습자의 사고를 자극하는 일련의 안내 설명 혹은 발문을 제공한다.

(2) OHP & TP 자료

강의 내용의 주요 요점을 강조하여 제시하고, 정보를 조직하고 분류하여 제시한다.

(3) 그림과 사진

중요한 인물이나 사물의 실제모습을 제시함으로써 학습내용의 이해를 도울 수 있다.

(4) 다이아그램, 괘도, 차트

개념간의 관계, 절차, 과정 등을 가시적으로 표현할 수 있다.

(5) 구체물, 실물

학습자들이 실제로 자세히 관찰하고 만져보고 조작할 수 있어, 내용 이해를 도울 수 있다.

5.2 토의식 수업

토의식 수업은 학습자들 간에, 또는 학습자와 수업자들 간에 정보나 아이디어, 의견 등을 나누기 위해 서로 이야기하거나 함께 문제를 해결해 나가는 탐구과정이다. 이것은 학생들의 참여와 역할을 강조하는 학습자 중심의 수업방식이며, 개방적인 의사소통과 협조적인 분위기를 요구한다. 토의식 수업은 학습자와 수업자 모두의 창의성과 자발성, 그리고 대인관계의 태도 및 기능 등을 키울 수 있다는 점에서 교육적 가치를 지닌다.

5.2.1 토의의 목적과 성격

토의는 이 과정에 참여하는 사람들 간의 상호작용을 통해 문제를 해결하고자 하는 수업방식이다. 토의식 수업에서는 참여하는 학습자와 수업자의 역할이 강조되며, 정보와 경험의 상호교환이 중시된다.

효과적인 토의가 이루어지기 위해서는 개방적인 의사소통과 협조적인 분위기, 그리고 민주적인 태도 등이 요구된다. 또한 학습자의 적극적인 참여와 수업자의 적절한 관여는 토의의 흐름을 촉진시키기도 한다. 토의는 학습자의 참여를 유도하고, 문제를 비판적으로 분석하며, 창의적인 능력과 협동적인 기술을 개발시키는 데 목적을 둔다.

토의의 기본적 성격은 토의는 상호작용의 형태를 지닌다는 점, 토의에서 수업자의 역할은 상황에 따라 다양하게 나타난다는 점, 집단 크기와 구성원들의 특성에 따라 토의의 성격이 좌우된다는 점, 토의집단들의 물리적 조건들이 정비되어야 한다는 점이다.

5.2.2 토의의 유형

(1) 원탁토의(round table discussion)

참가인원은 보통 5~10명 정도이며, 참가자 전원이 상호 대등한 관계 속에서 정해진 주제에 대해 자유롭게 서로의 의견을 교환하는 좌담형식이다. 충분한 경험을 지닌 사회자와 기록자, 그리고 전문지식을 가진 청중들 또는 관찰자와 함께 대화하는 비형식적 집단의 성격을 띤다. 참가자 모두가 발언할 수 있도록 기회를 적절히 제공해야 하며, 협조적이고 개방적인 자세, 공동체 의식이 형성되어야 한다. 원탁토의는 참가자 전원이 상호 대등한 관계 속에서 정해진 주제에 대해 자유롭게 서로의 의견을 교환하는 좌담형식이다. 참여자들은 자유로운 분위기 속에서 상호 협력적인 태도로서 충분한 발표와 청취를 통해 문제해결을 하도록 노력한다.

(2) 배심토의(panel)

토의에 참가하는 소수의 선정된 배심원과 다수의 일반 청중으로 구성되어 특정 주제에 대해 상반되는 견해를 대표하는 몇몇 사람들이 사회자의 진행에 따라 토의하는 형태이다. 배심원은 반드시 전문가일 필요는 없지만 토의될 주제에 관심을 갖고 내용을 조사하여 1회에 약 2~3분 정도로 간결하게 의견을 개진해야 한다. 패널의 특징은 배심토의라고도 하는데 특정 주제에 대하여 서로 의견을 달리하는 3~6명의 참가자들이 사회자의 진행에 따라 청중학습자 앞에서 토의하는 방식이다.

패널은 먼저 자원인사로 구성된 참가자들이 주제와 관련하여 간략하게 자신의 입장이나 의견을 표명하고 사회자가 미리 준비한 질문에 따라 각자의 견해를 밝히는 형식으로 진행된다. 이 때 청중학습자들에게는 의견개진이나 토의참여가 허용되지 않는다. 그러나 경우에 따라서는 사회자의 재량으로 토의 중반 또는 후반부에 질문 또는 의견을 제시할 수 있는 기회가 제공되기도 한다. 패널구성원은 대체로 한 번의 발언기회에 약 2~3분을 사용할 수 있으며 전체적으로 보통 15~45분간 지속되는 경향이 있다.

패널은 문제나 쟁점에 대한 관심을 제고시키고자 하는 경우, 문제나 쟁점을 확인하고 명료화하고자 하는 경우 또는 문제나 쟁점에 대해 다양한 관점에서의 이해와 문제해결력을 증진시키고자 하는 경우에 활용된다.

패널의 장점은 토의되고 있는 문제나 쟁점과 관련하여 무엇이 문제이며 왜 그것이 문제인지에 대해 분명한 이해를 가능하게 한다는 데에 있다. 다양한 관점에 접할 기회가 제공되기 때문에 문제나 쟁점에 대한 총체적 안목을 기를 수 있고, 자신의 관점을 비판적으로 검토, 정립하고 합리적인 문제해결이나 의사결정을 기할 수 있다. 비교적 자유로운 분위기에서 진행되며 패널구성원간의 의견교환이 활발하고 빈번하게 이루어지므로 전문적 식견을 지니지 않은 청중학습자에게 효과적인 학습을 가능하게 한다. 그리고 집단의 규모에 관계없이 활용될 수 있다는 장점을 갖는다.

패널의 단점은 원만하고 효과적으로 진행할 수 있는 유능한 사회자를 구하기가 쉽지 않다는 데에 있다. 능력과 경험이 부족한 패널구성원이 참여할 경우 체계적이고 조직화된 학습보다는 오히려 산만해질 우려가 있다. 패널은 간접참여에 의한 학습이기 때문에 준비되지 않은 청중학습자의 경우 수동적 자세를 취하거나 흥미를 잃을 수 있다.

(3) 공개토의(forum)

1~3인 정도의 전문가나 자원인사가 10~20분간 공개적인 연설을 한 후, 이를 중심으로 하여 청중과 질의 응답하는 방식으로 토의를 진행한다. 청중이 직접 토의에 참가하여 공식적으로 발표한 연설자에게 질의를 하거나 받을 수 있다는 점이 특징이다.

포럼의 특징은 약 25명 이상의 집단 구성원과 1명 이상의 전문가나 자원인사가 사회자의 진행 하에 대체로 15~60분 동안 공개적으로 토의를 진행하는 방식이다. 발표자인 전문가나 자원인사에게 학습자들이 질의 응답하고 의견을 개진하며 직접적으로 토의에 참여하는 과정에서 학습한다. 포럼은 대체로 다른 교수－학습방식(강의, 심포지엄, 패널 등)에 의한 토의에서 제기된 문제나 주제에 대해 후속 논의나 탐구가 요구되는 경우에 활용된다.

포럼의 장점은 학습자들이 직접토의에 참여함으로써 토의주제나 문제에 대해 적극적이고 능동적으로 탐구하는 자세를 갖게 되고 따라서 효과적인 학습이 가능하고, 학습자들의 질의와 의견을 중심으로 진행되기 때문에 학습자들의 욕구와 필요를 반영할 수 있다. 포럼을 함으로써 학습자들의 다양한 의견을 수렴하여 집단적 지혜를 구할 수 있고, 학습자들의 질문과 의견개진이 전문가나 자원인사의 발표 후에 이루어지기 때문에 보다 체계적이고 깊이 있는 학습이 가능하다. 포럼의 단점은 다수의 학습자들과 1명 또는 소수의 전문가 사이에서 토의가 이루어지기 때문에 이를 효율적으로 진행할 수 있는 유능한 사회자가 필수적인데 그런 사회자를 구하기가 쉽지 않다는 것이다. 다수의 학습자들을 동시에 효과적으로 상대할 수 있는 유능한 전문가나 자원인사가 필요하지만 그런 인사를 물색한다는 것 또한 쉽지 않다. 바람직한 토의기법에 익숙하지 않은 학습자의 경우 아무 때나 끼어들거나 발언을 독점하려 하는 등 효율적인 진행에 지장을 줄 수 있다. 학습자의 수가 많기 때문에 개인별로 충분한 발언시간을 확보하기가 어렵다. 그리고 토의주제나 문제에 대해 관심이 없는 학습자의 경우 참여기회를 제공하기가 어렵다.

(4) 단상토의(symposium)

토의 주제에 대해 권위 있는 전문가 몇 명이 각기 다른 의견을 공식 발표한 후, 이를 중심으로 해서 의장이나 사회자가 토의를 진행시킨다. 단상토의에 참가한 전문가와 사회자, 청중 모두는 특정 주제에 관한 전문적인 지식이나 정보, 경험 등을 지니고 있어야 한다는 점이 특징이다. 따라서 한 주제를 다양한 측면에서 기이 있게 다룰 수 있다.

심포지엄의 특징은 2~5명의 전문가가 동일한 주제 혹은 상호 관련되는 소주제에 대해서 각자의 전문적인 견해를 제시하는 방식이다. 발표자는 해당 분야의 권위 있는 전문가로 구성되며 사회자의 진행에 따라 부여된 시간 동안 자신의 의견을 개진하게 된다. 발표자간 그리고 발표자와 청중학습자간의 의견교환이나 토의는 원칙적으로 허용되지 않지만, 경우에 따라서는 발표자간의 질문이나 논평 혹은 토의를 위해 짧은 시간이 제공되기도 한다.

심포지엄의 장점은 특정 주제나 문제와 관련된 체계적이고 전문적인 정보와 지식을 비교적 짧은 시간에 깊이 있게 학습할 수 있고, 주제나 문제에 대한 다양한 관점이 제시되기 때문에 지나친 왜곡과 단순화를 피할 수 있으며 총체적인 안목을 기를 수 있다. 발표자나 청중 모두 자신의 지식, 견해, 신념 등을 비판적으로 검토하고 수정할 수 있는 기회를 갖게 되고, 집단의 규모가 커서 모든 구성원들이 직접토의에 참여할 수 없는 상황에서도 간접 참여를 통한 학습효과를 높일 수 있다.

심포지엄의 단점은 짧은 발표시간으로 인해 심도 있는 논의가 어려울 수 있다. 준비된 내용을 연속적으로 발표하는 형식이므로 발표 내용이 서로 중복될 수 있으며, 지나친 주관적 견해와 판단이 제기될 경우 학습자를 혼란스럽게 할 수 있다. 의견교환이나 논평기회가 거의 없기 때문에 상호작용에 의한 의견수렴과 판단의 여지가 별로 없으며, 청중학습자의 직접적인 참여기회가 제공되지 않기 때문에 자칫 수동적인 자세를 취하기 쉽다.

심포지엄이 적합한 경우는 간결하고 체계적인 방법으로 새로운 자료를 발표하고자 할 때, 어떤 주제와 관련하여 보다 객관적인 관점을 제공하고자 하는 경우나 어떤 논쟁문제에 대하여 다양한 측면에서의 조망과 이해를 돕고자 할 경우, 어떤 복잡한 문제를 명료화하고 전체와 부분의 관계를 명백히 규명하고자 하는 경우에 적합하다.

(5) 대담토의(colloquy)

참가 인원은 보통 6~8명 정도로, 이 가운데 3~4명은 청중 대표이고, 나머지는 전문가나 자원인사로 구성된다. 청중 대표와 전문가 집단의 의사소통 과정이 대담토의이다.

대담토의의 특징은 패널이나 청중반응팀의 수정된 형태이다. 보통 6~8명으로 구성되는데 3~4명의 학습자대표, 3~4명의 전문가나 자원인사, 그리고 1명의 사회자에 의해서 운영된다. 토의주제에 대한 전문가나 자원인사들의 의견발표와 학습자대표들의 질문 및 의견개진 형식으로 진행되는데 청중학습자들도 사회자의 진행에 따라 질문하거나 의견을 개진할 수 있다.

대담토의는 학습자대표와 외부전문가가 대등한 수로 구성된다는 점과, 학습자대표나 청중학습자들이 직접 토의에 참여하여 쌍무적 의사교환을 한다는 점에서 패널과 다르다. 청중학습자들이 토의에 참여할 수 있고 한 사람이 아닌 3~4명의 전문가가 참여한다는 점에서 청중 반응팀과 차이가 있다.

대담토의의 장점은 학습자들의 직접적인 참여기회를 제공함으로써 학습동기와 흥미 및 참여를 제고할 수 있다는 장점을 갖고, 전문가의 다양한 관점과 의견을 접할 수 있다. 토의주제와 관련된 학습자 자신들의 의문점과 문제를 신속하고 용이하게 해결할 수 있으며, 사회자의 진행능력에 따라 상당한 융통성이 발휘될 수 있다.

대담토의의 단점은 유능한 사회자를 구하기가 쉽지 않고, 학습자대표나 청중학습자들이 자원인사에게 핵심적인 질문을 할 능력이 갖추어져 있어야 한다.

(6) 세미나(seminar)

참가자 모두가 토의 주제 분야에 권위 있는 전문가나 연구가들로 구성된 소수집단 형태이기 때문에 해당 주제에 관련된 지식이나 정보를 체계적이고도 깊이 있게 토의할 수 있다. 세미나를 주도해 나갈 주제발표자의 공식적인 발표에 대해 참가자들이 사전에 준비된 의견을 개진하거나 질의하는 방식으로 토의가 이루어진다. 세미나는 참가자들에게 특정 주제에 대한 전문적인 연수나 훈련의 기회를 제공해 주는 데 목적이 있다.

세미나의 특징은 해당 주제 분야에서 전문적 식견을 갖춘 5~30명 정도의 권위 있는 전문가에 의해서 수행되는 토의방식이다. 대체로 권위 있는 전문가간의 의견교환을 통해서 참여자들에게 세미나 주제 분야에 대한 전문적 연수나 훈련의 기회를 제공하고자 할 때 자주 활용된다. 발표자를 비롯하여 참석자 전원이 해당 분야에 대한 고도의 지식과 정보를 소유하고 있기 때문에 전반적으로 매우 활발한 상호 작용 속에서 진행된다.

세미나의 장점은 토의주제가 되고 있는 분야에 대한 심층적 연구와 전문연수의 기회를 제공한다는 것이다. 전문적이고 다양한 발표와 토의를 통해서 참석자들의 관심 및 흥미유발과 전문성 제고 효과를 가져오고, 집단 구성원들의 적극적이고 능동적인 참여가 이루어진다.

세미나의 단점은 해당 분야와 관련하여 전문적 식견과 배경이 없는 사람들이 집단 구성원인 경우에는 활용할 수 없다는 한계점을 갖고, 사회자 역시 해당분야의 전문적 지식이 없으면 토의를 진행하기가 곤란하다.

(7) 버즈토의(buzz)

3~6명으로 편성된 집단이 주어진 주제에 대해 6분가량 토의를 하는 6×6의 형태이다. 소집단으로 분과토의를 한 후, 최종적으로 전체 집단이 다함께 모여 토의결과를 집결시켜 결론을 맺게 함으로써 대집단의 종합토의의 효과를 얻게 된다.

버즈그룹은 전체집단을 몇 개의 소집단으로 나누어 분과형태의 토의를 진행하고, 최종적으로 집단 구성원 전체가 다시 모여 분과토의 결과를 종합, 정리하고 결론을 도출해 내는 방식이다. 버즈(buzz)는 벌이나 기계 등의 윙윙거리는 소리를 나타내는 것으로 버즈그룹은 벌이 윙윙거리는 것처럼 소집단으로 구성된 학습자들이 왁자지껄하게 소란을 피우면서 토의를 진행하는 방식이다.

버즈그룹의 장점은 학습자 즉, 집단 구성원 모두 직접토의에 참여할 기회가 제공되며 따라서 학습효과를 높일 수 있고, 전체집단이 논의할 대주제가 여러 개의 하위주제 또는 소주제로 나뉘어 토의됨으로써 보다 심층적이고 다양한 논의가 이루어질 수 있다. 분과집단과 전체집단에서의 역동적 상호작용을 경험하여 공동체의식과 협동심을 기를 수 있으며, 분과집단에서의 토의는 상대적으로 비공식적이고 자유로운 분위기에서 진행되기 때문에 보다 창의적이고 다양한 의견이 개진될 수 있다. 그리고 분과집단에서의 다양한 논의를 통한 의견수렴과 이에 기초하여 전체집단에서 최종적인 판단을 내림으로써 민주적인 의사결정능력을 기르는 데 기여할 수 있다.

버즈그룹의 단점은 토의진행과 학습효과가 사회자와 분과장의 능력에 따라 크게 좌우되고, 몇몇 소수 학생들의 주도적, 독점적 행위가 통제되지 않을 경우 어려운 상황에 처할 수 있다. 발표보다는 침묵 속에 사고하기를 즐기는 학습자에게 분과집단에서의 토의가 너무 부담스럽고 학습에도 부정적 효과를 가져올 수 있다.

(8) 청중 반응팀

청중이해집단 또는 학습대표집단 참여제 토의 등으로 불리는 청중 반응팀은 청중학습자 중에서 3~5명의 대표가 필요에 따라 연사의 발연을 중단시키고 질문하거나 자신들의 의견을 개진하면서 청중의 이해를 돕는 방식이다. 발표자는 때로 청중의 수준을 제대로 파악하지 못하여 이미 알고 있는 것을 장황하게 설명하거나 이해하기 어려운 것을 상세한 설명 없이 지나가는 경우가 있다. 이같은 경우에 학습자대표들이 청중학습자의 이해를 돕고 논점을 명료화하기 위하여 질문하고 의견을 개진하는 방식이다.

청중 반응팀이 활용될 수 있는 경우는 학습자 수준에서 이해하기 어려운 주제나 문제가 다루어지는 경우나 발표주제와 관련하여 오해의 소지가 있거나 쟁점이 될 만한 내용이 있는 경우, 집단의 규모가 너무 커서 모든 청중이 토의에 참여하기 어려운 경우에 활용될 수 있다.

청중 반응팀의 장점은 청중학습자들의 이해를 도움으로써 학습효과를 제고하고, 장황하고 중복되는 불필요한 발언이나 학습자 수준에 부적합한 난이한 설명과 같은 비효율적인 학습요인을 제거할 수 있다. 중학습자에게 즉각적인 의사소통 기회와 피드백이 제공되기 때문에 학습욕구 진작과 학습효과 제고면에서 장점을 갖는다. 발표자에게도 반성의 기회를 제공할 뿐 아니라 학습효과를 가져올 수 있다. 학습자대표가 토의에 참여함으로써 청중학습자들의 관심과 흥미, 참여를 진작시키는 장점을 들 수 있다

청중 반응팀의 단점은 발표자가 이 방법의 사용에 동의할 경우에만 활용 가능하고, 발표자의 발언이 수시로 중단되기 때문에 체계성을 잃거나 발표자의 감정을 상하게 할 우려가 있으며, 학습자 대표가 너무 자기 과시적이거나 소심한 경우 학습효과를 기대할 수 없다.

5.2.3 토의준비와 절차

(1) 사전준비

① **목적설정** : 토의를 통해 얻고자 하는 목적을 분명하고 구체적으로 설정해야 한다.

② **토의방식의 선택** : 토의의 목적과 대상 집단의 수준을 고려하여 적합한 방식을 선택해야 한다.

③ 시간계획 : 충분히 토의할 수 있도록 넉넉한 시간계획을 마련해야 한다.

④ 자료준비 : 토의주제와 관련된 인쇄물, 특정 프로그램이나 게임, 상황 차트 등을 준비해야 한다.

⑤ 집단 크기의 규정 : 토의 주제와 방식에 비추어 집단 크기를 결정해야 한다.

⑥ 상황배치 : 토의가 이루어지는 상황의 물리적 환경을 적절히 조성해야 한다.

⑦ 어려운 상황에 대한 통제 : 토의 과정에서 예상되는 문제나 심리적 분위기를 적절히 통제해야 한다.

(2) 토의절차

① 문제 확인 : 토의문제는 참가자들의 입장에서 구체적으로 진술되고 설명해야 한다.

② 문제분석 : 토의문제의 다양한 측면을 검토하고 평가해야 한다.

③ 가설설정 : 토의문제를 해결하기 위한 대안들이 제시되어야 한다.

④ 가설검증 : 문제해결을 위한 대안들 가운데 최적의 가능성을 검증하기 위해 이를 평가하는 기준이나 준거를 개발해야 한다.

⑤ 일반화 : 토의문제의 해결된 결과는 생활에 응용되거나 행동으로 실천되도록 해야 한다.

5.2.4 효과적인 토의식 수업의 특성

(1) 토의식 수업의 계획

토의가 시작되기 전에 수업자는 토의식 수업의 목적을 명확하게 설정하고 이에 맞는 주제와 방식을 선정한다. 다음으로 학습자들이 충분히 토의할 수 있는 시간을 확보하여 계획해야 하며, 토의에 필요한 자료와 시설들을 점검하고 다양한 자료와 시설들을 활용해야 한다. 또한 원활한 대화를 위해 토의하게 될 장소의 크기, 시설 및 좌석배치 등 환경조성을 해야 한다. 좌석배치에는 분산형과 집중형이 있는데 진정한 토의가 일어나기 위해서는 눈길이 마주치고 권리가 분배된 분산형이 더 권장할 만하다.

(2) 토의식 수업의 전개

수업자는 토의가 시작될 때 토의의 목적과 주제 및 방식을 분명하게 설명해야 하며 학습자의 동기유발을 시켜야 한다. 토의 진행 중에는 학습자의 참여를 유도하고 토의가 목적에 맞게 원만히 진행되도록 개방적이고 편안한 분위기를 조성해야 한다.

(3) 토의식 수업의 평가

토의가 마무리 단계에 이르면 수업자는 토의 내용을 요약, 정리하고 결론을 도출해야 한다. 그런 다음, 토의의 목적달성 여부를 확인하고 전체 학습자들에게 피드백을 제공한다. 상황 차트와 참가를 사용하는 등의 방법으로 평가를 하고 후속될 토의 주제와의 관련성을 이야기하고, 앞으로 학습자가 해야 할 일을 제시해 줌으로써 토의의 가치를 증대시킬 수 있다.

(4) 효과적인 토의 지도자

토의 지도자의 책임은 토의를 위해 제반 여건 정비하기, 토의의 목표와 절차를 알려주기, 토의를 시작하게 하고 흐름을 유지시키기, 어려운 상황을 다루어 학습자 전원의 참여 유도하기, 토의를 요약하거나 다른 사람이 요약하도록 권하기 등이 있다. 효과적인 토의 지도자는 토의를 시작할 때 주제를 간결하고도 자연스럽게 제시하고 토의 중에도 학습자의 참여를 유도하기 위해 애쓰며, 토의가 다른 방향으로 흘러가지 않도록 신경을 쓰며, 마지막에 결론을 맺고 일반화할 수 있어야 한다. 토의에서 지도자의 역할이 중요한 것은 사실이지만 지도자가 토의의 전반을 지배해서는 안 된다. 효과적인 지도자는 참가자 모두를 존중해야 하며 진실하게 개방적인 토의를 유지시키려고 노력해야 한다. 또한 주제를 흥미롭게 다루고 유머 감각이 있어야 한다. 심사숙고해야 하고, 타인의 의견을 존중하며 자신의 의견은 억제할 줄 알아야 하며 수용과 격려의 자세를 취해야 한다.

5.2.5 토의식 수업의 장단점

토의식 수업의 장점은 사회적 기능 및 태도를 형성시킬 수 있고, 대화를 통해 상호의견을 교환하고 문제를 해결하는 과정에서 타인에 대한 이해와 존중의 태도를 배울 수 있고, 협력과 참여의 기능도 익힐 수 있다. 집단의식과 공유능력을 향상시키고, 집단 속에서 자신의 기여와 책임감을 느끼게 함으로 구성원으로써의 능력을 수행할 수 있게 한다.

구성원의 선입견과 편견은 집단 구성원의 비판적 탐색에 의해 수정될 수 있다. 자율성을 향상시킬 수 있으며, 학습자들은 능동적인 참여 과정에서 자발적인 태도를 배운다.

토의식 수업의 단점은 시간이 많이 소요되고, 철저한 사전준비와 체계적인 관리에도 불구하고 예측하지 못한 상황이 발생할 수 있다. 토의의 허용적 특성은 학습자의 이탈을 자극할 수 있다. 몇몇에 의해서만 토의가 진행되고 나머지는 방관하거나 무관심한 상태로 빠질 위험이 있다. 알려지지 않거나 어느 정도 완전하게 이해하지 못한 사실과 개념에 대해서 효과적으로 토의하기란 어렵다. 대체로 토의자들이 토의 주제에 대해 얘기할 수 있을 만큼의 수준에 도달해 있지 않은 경우가 많아서 기대하는 효과를 거두기 어렵다.

5.2.6 토의식 수업에서 교수의 역할

(1) 계획의 수립자

교수는 토의식 수업 계획에서 토의학습에 적절한 주제를 선정하고, 토의 목표를 설정, 내용을 확인, 상세화한다.

토의학습 운영계획은 창의적이며 융통성 있게 수립하며 아울러 학습시 사용할 자료의 활용계획, 수업 관찰 및 평가 계획도 동시에 수립해야 한다.

(2) 분위기 조성자

학습은 곧 인간주의적이며 민주적 생활 훈련을 쌓아가는 한 과정이라고 할 수 있다. 따라서 교수는 학습 주제와 관련된 학생들의 어떠한 이야기도 허용하면서, 토의를 통해 생각을 정리해 갈 수 있도록 해야 할 것이다.

(3) 안내자 · 정보 제공자

교수는 일상생활이나 경험과 관련된 토의 주제를 선정 · 제시하여 학생들이 토의 형태, 방식 등을 결정하도록 도와주며 적절하게 집단을 편성하여 토의에 임하도록 하여야 한다.

그 외에 토의 주제에 대한 문제의식을 지각시키고, 화제를 풍부하게 할 수 있는 읽기 자료를 비롯한 보조 자료를 제공하여야 한다. 또한 학생들이 자문을 요청해 올 때 적절한 수준에서 정보를 제공하여야 한다.

(4) 토의의 유지 및 조정자

교수는 토의가 원만하게 유지되도록 세심한 배려를 해야 한다. 교수가 토의에 언제 개입하는 것이 좋은지에 대해 몇 가지 규칙을 제시하면 다음과 같다.

① **본론에서 벗어나 토의 시간이 너무 길어질 때** : 교수는 토의에 개입하여 토의의 목적을 다시 확인시키는 것이 좋다.

② **토의 중단 시간이 길어질 때** : 교수는 토의에 개입하여 중단 이유를 찾아내야 한다.

③ **사실이 잘못 수용될 때** : 교수는 토의에 개입하여 잘못을 수정해 주어야 한다.

④ **한 사람이 토의를 독점하는 경우** : 교수는 토의에 개입하여 요점을 요약해 주어 토의를 다음 단계로 진전시킨다.

⑤ **두 사람 이상의 의견이 상충될 경우** : 교수가 개입하여, 이 경우에는 누구의 편도 들지 않는 것이 좋고 합의점을 찾도록 유도한다.

(5) 사고의 유도 및 질문자

토의는 질문에서 비롯된다. 교수의 질문은 토의에 참여하는 학생의 사고를 촉진시킬 수 있을 뿐만 아니라, 토의의 방향을 제시하고 운영하는 중요한 교수 기법이다.

(6) 관찰 평가자

교수는 학급 구성원의 일원으로서 토의에 참가하면서, 토의 진행 사항을 면밀히 관찰하여 평가 자료를 수집한다.

5.2.7 효율적인 토의 수업의 전개

토의 수업이 성공적으로 진행되기 위해서는 토의의 리더(또는 사회자)가 리더의 역할을 제대로 수행해야만 한다. 토의 수업에서 리더는 언제나 교수만은 아니다. 오히려 토의의 수준이 높아지고 학생들의 수준이 높아질수록 토의의 리더는 학생에게 위임되는 것이 더 바람직하며, 리더를 여러 학생들이 번갈아 해 보도록 해야 한다. 토의의 전 과정에서 리더가 수행해야 할 일은 대단히 많다. 토의를 시작하기 전에 미리 준비할 일부터 토의를 성공적으로 마무리 짓는 과정에 이르기까지 리더가 수행하거나 유의할 것은 한두 가지가 아니다. 그런데 토의 수업에서 대부분의 경우 교수가 리더의 역할을 수행하게 된다.

토의가 성공적으로 이루어지기 위해서는 대체로 다음의 6가지 조건이 충족되어야 한다. 우선 토의를 잘 시작해야 한다. 그리고 구성원들이 최대로 참여할 수 있도록 해야 하며, 민주적으로 잘 진행이 되어야 하고, 토의의 전 분위기가 허용적이어야 한다. 그러나 적절한 통제와 조정 기능이 필요하며, 마지막으로 토의를 잘 끝내야 한다. 이 조건들은 엄밀한 의미에서는 시간적 순서나 단계를 나타내는 것은 아니지만 어떤 조건들은 시간상 전후의 관계에 있는 것도 있고, 나머지 조건들도 임의적이기는 하나 시간상 전후의 관계로 배치할 수 있다.

(1) 1단계 : 토의를 잘 시작하기

토의를 잘 시작하기 위해서는 토의를 시작하기 전에 미리 준비해야 할 사항들을 철저히 준비하여야 하며 그와 동시에 실제로 토의를 시작하는 초기 단계에서 유의해야 할 사항들을 잘 실천하여야 한다. 항목별로 기술하면 다음과 같다.

토의 시작 전에 준비해야 할 사항으로 토의집단의 구성원을 잘 선정하고, 각각에 대해 잘 알고 있어야 한다. 구성원 각자의 관점, 토의할 주제에 대해 그들이 지니고 있는 지식의 정도, 예상되는 참여의 정도, 그리고 구성원간의 충돌이 예상되는 성격 특징 등 구성원들의 특징에 대해 가급적 자세히 아는 것이 바람직하며 그러한 지식의 토대 위에서 토의에 참여할 적절한 사람들을 선정해야 하고, 주제에 대해 미리 준비(공부)하기를 원하는 사람들에게 미리 준비할 수 있도록 도와야 한다. 필요한 자료를 제공하거나, 그런 자료를 구할 수 있는 방법을 제공하도록 해야 한다. 토의가 진행될 장소의 물리적 시설이나 조건을 적절하게 갖추고, 주의를 산만하게 할 요인들을 파악하고 그런 가능성을 가급적 배제하고, 가급적이면 그런 장소를 토의의 장소로 선정하지 말아야 한다.

토의가 시작되는 초기 단계에서 유의해야 할 사항은 가능한 한 절차나 말은 간단하게하고, 토의의 절차, 방법, 순서(일정), 규칙 등을 제시한다. 토의의 주제, 주제의 중요성, 토의의 목적 등에 대하여 언급하고 토의에서 시작하는 말 자체가 참여자들의 생각을 자극할 수 있도록 한다. 그리고 구성원들의 마음이 편하며, 토의에 적극 참여하겠다는 느낌이 들도록 분위기를 조성하고 구성원들이 서로 알 수 있는 기회를 부여한다. 예를 들어 서로 소개할 수 있는 시간을 부여하는 것도 하나의 방법이다. 필요한 경우, 토의가 빨리 시작될 수 있도록 토의의 초기 단계에서 발언할 사람을 미리 정해 둔다.

(2) 2단계 : 토의에 참여시키기

토의가 시작되면 리더(교수)는 가급적 많은 구성원들(학생들)이 토의에 참여하도록 유도하며, 참여의 질이 높도록 노력하여야 한다.

참여의 범위를 넓히기 위해 할 일은 모든 참여자들에게 최소한 한 번씩 참여의 기회를 주고, 발언한 사람보다 발언하지 않은 사람에게 우선권을 부여할 수 있도록 한다. 대답할 사람이 한 사람만 있는 경우를 제외하고는 질문을 개인에게 하지 말고 구성원 전체에게 해야 하며, 침묵이 계속되어도 별로 염려하지 말고 그 사이에 구성원들 머릿속에는 생각이 흐르고 있다는 사실을 인식한다.

그룹 구성원간의 상호 의사교류를 격려하고, 리더와 구성원간의 상호교환만 중시하지 말고 특정 구성원이 토의의 많은 부분을 독점하지 않도록 해야 한다.

참여의 질을 높이기 위해 할 일은 토의를 유발시키려는 상황에서는 '예'와 '아니오'의 형식으로 대답할 수 있는 질문은 하지 않도록 하고, 토의에 제시된 정보나 증거자료의 신뢰성과 타당성을 점검한다. 토의를 너무 빠르게 서둘러 진행하지 말고, 토의를 질서정연하게 진행하도록 한다. 구성원들의 의사교환의 질을 높이도록 협조하고, 토의가 한창 진행되는 중에 끼어들어 그들을 무안하게 하지 않는다.

토의가 단순히 질문과 응답이 연속되게 하지 말고, 구성원들로 하여금 분명하지 않은 점들을 분명하게 하도록 해야 한다. 그리고 구성원들을 잘 리드할 수 있도록 주제에 대해 충분히 알아 두어야 한다.

(3) 3단계 : 토의를 민주적으로 진행하기

토의가 본격적으로 진행되는 과정에서 리더는 기본적으로 민주적인 자세를 유지하되 토의가 목표를 향해서 진행되며 논리적이고 질서 있게 운영되도록 하여야 한다.

토의가 논리적이며 질서 있게 진행되도록 하기 위해 할 일은 토의의 초기 단계에서 주제의 의미, 가치 등을 명료하게 지적하고, 논의되는 문제나 목표를 분명하게 제시한다. 모든 가능한 대안들을 제시하고 검토하도록 해야 한다. 또한, 토의과정에 제시되는 사실, 증거, 추리 등의 타당성을 점검하고, 토의의 진전 상황을 가끔씩 기술해서 토의의 내용을 놓치지 않도록 하고 추리에서 오류가 발견되는 경우 주의를 환기시켜서 토의의 분위기를 유지한다.

토의가 원래의 목적(목표)에서 벗어나지 않기 위해서 할 일은 토의의 목적을 모든 구성원들이 바르게 이해하도록 하고, 한 항목의 토의에서 다른 항목의 토의로 넘어가는 과정을 분명하게 한다. 토의가 진전되고 있음을 나타내기 위해서 논의된 내용을 가끔씩 종합하고 정리하여 제시하고, 토의에서 구성원들 간의 의견이 일치되고 있는 부분과 그렇지 않은 부분을 지적한다. 정보가 부족한 항목에 대하여 너무 오래 논의하지 말고, 토의 절차나 방법은 초기에 정하고 가능한 한 변경하지 않는다. 중요한 문제들은 이따금씩 반복하여 언급한다.

가끔은 원래의 목적에서 다소 벗어난 토의도 허용해 토의가 지루해진다는 느낌을 받지 않게 한다.

토의에 포함시켜야 할 것을 빠뜨리는 일이 없게 하기 위해 할 일은 주제와 관련된 모든 측면이 논의되도록 하고, 그렇지 못한 경우 논의하지 못한 부분을 명시한다.

그리고 토의에서 특정 그룹이나 특정 의견에 대하여 편을 들지 말아야 한다. 리더가 어느 한 편을 특별히 동조하게 되면 다른 사람들은 불안을 느끼게 된다. 근거가 충분하지 못한 논점에 대한 결정은 보류하여 토의가 잘못된 방향으로 진행되지 않도록 하고, 모든 구성원들이 자신의 아이디어를 최적의 수준으로 발표할 수 있도록 배려한다.

(4) 4단계 : 허용적 분위기를 조성하기

토의의 분위기를 부드럽고 원만하게 이끌기 위해서 리더는 다음 사항들을 유의하여야 한다. 모든 구성원들이 자기의 의견을 자유롭게 발표할 수 있도록 그들의 권리를 보호하고, 토의자들의 의견이나 논리의 전개에 대하여 비판을 하는 것은 무방하나 그들의 성격이나 태도에 대하여 논란하지는 말아야 한다. 말하기를 원치 않는 사람에게 강제로 말하게 하지 말고, 개진된 발언이 틀렸을 경우, 사회자나 리더가 임의로 수정하지는 말고, 집단 구성원들로 하여금 잘못된 의견을 정정하게 하도록 한다. 집단 구성원들로 하여금 너무 서두르게 재촉하지 말고, 토의에서 제안되는 내용에 대하여 평가적인 자세를 취하기보다는 오히려 수용적인 자세를 취한다. 토의가 너무 심각하게 되지 않도록 하고, 토의장에서는 그룹 구성원들의 직함 명을 가급적 사용하지 않도록 한다. 그리고 특정 행동을 하기 위하여, 자신들의 의견을 조속히 결정해야 한다는 압력을 그룹 구성원들이 계속적으로 느끼지 않도록 해야 한다.

(5) 5단계 : 적절하게 통제하고 조정하기

토의가 잘 이루어지기 위해서 리더는 필요한 경우 적절하게 통제와 조정을 하여야 한다. 통제를 잘하기 위해서는 다음 사항들에 유의하여야 한다.

① 심리적 조정, 통제 방법

㉠ 운동경기에서의 '심판자(referee)'의 입장을 취하고, 그룹 성원들이 리더를 '중립적 조정자'로 인식할수록 토의를 수월하게 통제, 장악해 나갈 수 있다.

㉡ 집단의 결정에 영향력을 행사하려고 하지 않는다. 그러나 그러한 결정의 결과에 대하여는 주의를 환기시킬 수 있어야 한다.

㉢ 집단의 결정이 민주적인 절차에 따라 모든 구성원의 의견이 반영되어 이루어지도록 토의의 절차를 준수한다.

㉣ 의견이 갈등을 일으키는 상황을 회피하지 않는다. 그러나 갈등은 구체적인 논의 문제에 대해 일어나도록 하며, 이러한 갈등을 일으키는 의견을 진지하게 논의하는 것이 가치 있는 일임을 분명하게 지적하도록 한다.

㉤ 구성원들이 자신의 의견을 계속 고집해야겠다는 생각이 들지 않도록 한다.

㉥ 특정 행동이 집단 구성원 전체에게 이익이 되는 경우 그런 행동은 적극적으로 결단력 있게 수행한다. 그렇게 하면 리더로서의 자신감과 권위가 생긴다.

㉦ '나' 보다는 '우리'를 강조한다.

㉧ 현재 논의되고 있는 모든 사안에 대하여 관심과 흥미를 표현하고 그런 태도를 계속적으로 유지하도록 한다.

② 물리적 조정, 통제 방법

㉠ 토의의 진행 중 일부 구성원들끼리 부분적으로 논의하는 것을 금지시킨다.

㉡ 몇몇 사람들이 길게 발언하는 것을 금지시킨다.

㉢ 구성원 모두가 발언되는 내용을 잘 들을 수 있도록 노력하고, 들리지 않게 말하는 사람에게는 즉시 크게 말하라고 요청한다. 잘 들리지 않으면 토의는 쉽게 혼란에 빠지게 된다.

㉣ 좌석배치, 방안 온도, 조명 등에 신경을 써서 토의장 분위기를 안락하게 한다.

㉤ 토의가 시작되기 전에 절차와 방법을 주지시킨다. 그러면 토의의 도중이나 후반부에 토의 절차와 방법을 지키라는 요구를 하기가 쉬워지며 따라서 통제가 수월해진다.

㉥ 토의 과정에 필요한 모든 시청각 기재들을 잘 갖추어 놓는다. 이런 기재들이 잘 작동하지 않아 토의 도중에 수선을 해야 하거나 사용에 시간이 걸리게 되면 회의는 역시 혼란스러워진다.

㉦ 토의된 내용의 개요나 결정사항 등을 정리하여 제시하도록 한다. 그러면 구성원들은 토의에 계속적으로 관심을 가질 가능성이 높아진다.

(6) 토의를 잘 끝내기

토의를 잘 끝내기 위해서는 다음 사항을 유의하여야 한다. 토의내용을 포괄적으로 종합하여 제시하고, 토의를 통해 이루어진 성과, 해결된 문제점, 여전히 해결되지 않은 문제점, 앞으로의 과제, 결정된 제안 등을 잘 정리하여 제시해야 한다. 토의의 결과가 어떻게 정리 요약되어 참가자들에게 전달될지 알려주고, 다음 토의 계획, 장소, 일정 등에 대하여 합의를 본다. 다음 토의를 위해 읽거나 공부할 참고 자료들을 제시하고, 시간을 잘 지킬 수 있도록 한다. 끝내자고 아우성치기 전에 토의를 끝내고, 종합토의를 할 시간을 충분히 확보한 상태에서 토의를 끝내도록 한다.

토의를 끝내기 전에 다음 토의 때 필요한 일들을 분담시킬 수 있도록 한다. 리더와 참여자 모두에게 그들이 한 수고와 업적에 대하여 고마움을 표시하고, 수행된 토의 자체를 평가해 보는 기회를 마련하도록 한다.

지금까지 토의를 성공적으로 진행시키기 위하여 리더가 유의하거나 수행하여야 할 항목들을 기술하였다. 그러나 지금까지 제시된 내용은 학교의 수업 상황만이 아니라 우리 사회의 여러 상황에서 토의가 이루어질 때 토의가 성공적이기 위해 리더가 할 일을 기술한 것이다.

그러므로 이 중에서는 수업 상황에서 토의 방법을 어떻게 사용해야 하는가라는 문제와 적절하게 관련되지 않은 부분들도 있다. 그러므로 본 글의 내용을 토의 수업에서 활용하려는 교수들은 자신들에게 필요한 정보들을 간추려야 할 것이다.

5.2.8 토의 수업에서 질문의 유형

토의가 원활히 진행되기 위해서 리더는 여러 가지 유형의 질문을 사용하게 된다. 이는 물론 토의 수업에서도 마찬가지다. 즉, 수업 상황에서 토의를 잘 이끌어가기 위해서 교수는 여러 가지 적절한 질문들을 사용할 수 있다. 일반적인 토의 상황에서 유용하게 사용될 수 있는 질문의 종류와 목적, 그리고 그 예들을 제시하면 다음과 같다.

(1) 토의에 참여하지 않는 구성원을 토의에 끌어들이기 위한 질문

이 주제에 대하여 아직 발표하지 않은 분 중에서 이야기하기를 원하는 사람 있습니까?

(2) 개인적인 경험을 이야기할 필요가 있음을 알리기 위한 질문

잠시 후 여러분의 의견을 발표하기 전까지 이 문제에 대한 여러분의 개인적 의사에 대하여 생각해 보시기 바랍니다.

(3) 아직 언급되지 않은 점에 대하여 주의를 환기시키기 위한 질문

이 점에 대해서 당신은 어떻게 생각하십니까?

(4) 토의가 초점에서 벗어나지 않게 하기 위한 질문

그 점도 중요합니다만 그 점은 현재 우리가 논의하고 있는 주제와 어떤 관계가 있습니까?

(5) 현재 토의가 원래의 목적에서 벗어나고 있음을 제시하기 위한 질문

지금 우리가 토의하고 있는 문제와 우리가 토의해야 할 원래의 주제(또는 목적)와는 어떤 관계가 있는지 말씀해 주십시오.

(6) 의견의 대립이나 갈등을 원만하게 처리하기 위한 질문

현재 이런 견해의 차이를 해결하지 못하고 있지만 다음 토의사항으로 넘어가도록 하지요. 다른 문제를 논의하다 보면 현재 해결되지 않은 문제에 대한 정보를 얻을 수도 있으니까요.

아마도 해답은 두 가지 의견의 절충점에서 찾을 수 있겠지요. 반대되는 의견의 어떤 점을 우리는 수용할 수 있습니까?

(7) 추가 정보의 필요성을 알리기 위한 질문

이 정도면 이 사안을 결정하는데 필요한 정보를 충분히 갖춘 셈입니까? 아니면 다른 정보가 더 필요한 것입니까?

(8) 정보의 출처를 확인하기 위한 질문

이 정보는 어디서 얻은 것입니까?

(9) 의견이나 주장 또는 관점의 타당성의 정도를 확인하기 위한 질문

- 이런 의견이 우리 대다수의 의견입니까? 맞습니까?
- 이런 견해에 대하여 어느 정도의 중요성을 부여해야 합니까?
- 최근 신문에서는 이 점에 대하여 강한 반대 입장을 표명하고 있습니다. 우리는 어느 정도나 그 의견에 찬성하는 것입니까?

- 우리는 현재 발언의 내용보다는 발언한 사람에 대하여 더 많은 관심이나 중요성을 부여하고 있는 것이 아닙니까?
- 우리 논의의 결과에 대한 우리 자신의 이익 때문에 우리는 다른 그룹의 이익을 간과하고 있는 것은 아닙니까?
- 다른 정보를 더 얻을 때까지 이 점에 대해서는 결정을 유보하는 것이 좋지 않겠습니까?
- 미안하지만 당신이 더 이야기하기 전에 당신이 방금 전에 발언한 내용에 대한 다른 사람들의 의견을 먼저 들어볼까요?
- 아직 자기 의견을 말하지 않은 사람들의 의견을 지금 들어볼까요?
- 토의를 끝내기 전에 마지막으로 한두 분의 의견을 더 들어볼까요?
- 남은 시간을 고려해 볼 때 어떤 문제를 더 논의해야 할지를 결정할까요?
- 당신은 그 점에 대하여 얼마나 더 발언하기를 원합니까?
- 다음 모임은 언제 가질까요?
- 다음 토의에서는 무슨 문제를 다룰까요?

수업 방식의 장·단점 비교

	강의식 수업	토의식 수업
장점	· 단시간에 다양한 지식과 내용을 학습할 수 있음 · 내용의 보충·가감·삭제가 용이 · 학습자의 감정자극 동기화 용이 · 수업자의 의사대로 학습 환경 변경이 용이 · 수업시간, 학습량 등을 교수의 의지대로 조절 용이	· 적극적 참여와 학습동기, 흥미 유발 · 의사소통 기술의 연습 기회 제공 · 사회적 기능 및 태도를 형성 · 집단의식과 공유능력 향상 · 편견과 선입견이 수정 · 자율성 향상
단점	· 교과서 읽기에 치우칠 우려가 큼 · 학습자의 개성과 능력이 무시되기 쉬움 · 추상적인 개념전달로 학습 능력이 낮은 학습자는 요점파악이 곤란 · 학습자의 동기가 지속되기 어려움 · 학습자의 개별화·사회화가 어려움	· 숫자의 제약 · 많은 시간 소요 · 예측하지 못한 상황 발생 · 학습자 몇몇에 의한 토의 주도 우려 · 비경제적 · 이해하지 못한 사실과 개념에 대해서 효과적으로 토의하기 어려움

5.3 토론식 수업

5.3.1 토론식 수업의 개념

토론수업은 공통 주제를 논의하거나 문제를 풀어나가기 위해 교사와 학생, 혹은 학생들끼리 일정한 규칙과 단계에 따라 대화를 나누는 수업방법이다. 이 방법에서는 강의법처럼 교사의 역할이 강조되기보다는 학생의 참여와 역할이 강조된다. 토론수업은 강의법처럼 모든 교과와 모든 학년에서 활용될 수 있다. 특히, 토론수업은 간단한 정보나 지식의 습득보다는 고차적인 인지능력의 함양에 적합하며, 특정 문제 상황에 따른 해결책을 탐색하거나 태도 변화를 기하는 데 적합하다.

5.3.2 토론학습의 특성과 효과

토론수업의 특성과 효과는 늘 강의법과 비교되어 연구되어 왔다. 사실 과거에 강의법에 대한 비판이 고조되었을 때에는 토론법이 강의법의 대안으로 거론되기도 하였다. 그러나 오늘날에는 토론법이 단순히 강의법의 대안 이상으로 자리 잡고 있다. 모든 수업모형과 상황에 적용될 수 있는 방법으로 여겨지고 있다. 먼저, 토론수업이 갖고 있는 특성을 보면 다음과 같다.

첫 째, 토론수업은 교사와 학생 간의 대화를 바탕으로 한다. 일방적 지시나 통제가 아니라 수업 참여자들 간의 의사 교환을 바탕으로 한다. 따라서 강의식 수업과 같이 학생들이 수동적일 필요가 없으며, 오히려 학생들의 능동적 참여가 촉구된다.

둘 째, 토론수업에서는 학생의 참여를 유도하고, 그들을 자극하거나 동기 유발시키며, 문제를 비판적으로 분석하도록 격려하고, 창의력과 협동기술을 개발시키는 데 목적을 두고 있다.

셋 째, 토론수업은 모든 교과나 모든 수업모형, 그리고 모든 수업상황에 적용될 수 있다. 토론수업은 비단 정의적 특성을 다루는 교과에만 적용될 수 있는 것이 아니다. 인지적 특성이나 운동·기능적 내용을 다루는 교과에도 고루 적용될 수 있다. 그리고 대학교로부터 초등학교에 이르기까지 얼마든지 활용될 수 있는 방법이다.

넷 째, 토론수업에 참여하는 교사나 학생들의 역할을 토론 목적에 따라 자유롭게 설정할 수 있고 변경시킬 수 있다. 강의법에서는 교사와 학생의 역할이 고정되어 있지만, 토론수업에서는 이들의 역할이 가변적이다. 교사가 감독자나 토론 조정자가 될 수 있으며, 때로는 토론구성원으로 참가할 수도 있다. 학생들 역시 토론을 주재하거나 토론자 혹은 기록자의 역할을 수행하기도 한다.

다섯 째, 토론수업에서는 수업목표나 학습과제의 성격에 따라 수업집단의 크기를 적절히 조절할 수 있다. 강의법에서는 특별한 경우를 제외하곤 집단의 크기를 그리 크게 문제 삼지 않는다.

여섯 째, 토론수업에서는 참가자의 합의를 바탕으로 결론을 도출한다. 참가자들의 합의가 이루어지지 않을 때에는 결론 도출을 유보하거나 잠정적 결론만 도출할 수 있다. 따라서 토론수업에서는 반드시 확정적 결론이 나오는 것은 아니다.

이러한 토론수업의 효과는 다양한 측면에서 제기되고 있다. 여러 학자들의 제안을 중심으로 보면 다음과 같다.

첫 째, 토론수업에서는 학생의 지적 능력(Intellectual potency)을 기를 수 있다. 학생은 토론을 통하여 지식뿐만 아니라 지식을 자율적으로 획득하는 방법을 배울 수도 있다.

둘 째, 토론수업은 학생을 적극적으로 참여시킬 수 있다.

셋 째, 토론수업은 그 자체가 일종의 보상역할을 한다. 즉, 토론수업에서 경험하는 발견과 자신감이 곧 학습을 위한 보상물이 된다는 것이다. 학습이란 무엇에 관해 배우는 것이라기보다는 그것을 발견하는 일이다. 아이들은 이를 어느 정도 인정하는가에 따라 자기 보상이라는 자율성을 가지고 학습하게 된다. 요컨대, 아이들은 발견 그 자체로부터 보상을 받게 된다.

넷 째, 토론수업은 교사와 학생 간의 인간적 만남을 증진시키고, 긍정적 관계를 만드는 데 도움을 준다.

다섯 째, 학생은 토론수업을 통해 학습과제를 매우 명료하고 생생하게 이해할 수 있다. 학생은 그 어느 방법보다도 토론과정을 통해 학습과제를 올바로 이해할 수 있고, 자신의 견해를 정련시킬 수 있다.

여섯 째, 토론법은 단편적 지식의 습득보다는 높은 인지능력을 달성하는 데 효과적이다. 토론은 학생들에게 학습활동과 피드백 기회를 많이 준다. 따라서 토론수업은 강의법에 비해 개념을 개발하고 문제해결 능력을 기르는 데 더 효과적이다.

일곱 째, 문제 상황이 주어지고 난 후 태도 변화에 관한 학습은 강의법보다는 토론법이 더 효과적이다. 학생들이 문제에 관한 사전 정보나 지식을 알고 있을 때에는 그에 따른 태도 변화가 토론수업에서 더 잘 일어난다. 만일, 사전에 문제 상황을 알고 있지 못한 학습상황에서의 태도 변화는 강의법에서 더 효과적으로 일어난다.

여덟 째, 문제해결에 많은 학생들의 노력이 요구되고 다양한 답이 요구되는 상황에서는 집단토론의 과정을 거치는 것이 효과적이다.

5.3.3 토론학습의 장단점

(1) 토론식 수업의 장점

① 사회적 기능 및 태도를 형성시킬 수 있다. 토론은 대화를 통해 상대방을 설득하고 상호 의견을 교환하고 집단적으로 문제를 해결하는 협력의 과정을 전제로 한다. 따라서 학습자들은 대안에 대한 이해와 존중의 태도를 배울 수 있으며, 집단적 사고를 가능하게 해주는 협력과 참여의 기능도 익힐 수 있다.

② 토론수업은 학습자와 교사의 상호작용을 통하여 교사가 끊임없이 학습자의 이해정도를 파악할 수 있게 한다.

③ 선입견과 편견은 집단 구성원의 비판적 탐색에 의해 수정될 수 있다. 토론식 수업에서는 학습자들이 집단 구성원으로부터 새로운 정보나 지식을 획득할 수 있는 기회가 많다. 따라서 학습자들이 기존에 갖고 있던 생각을 끊임없이 수정하는 비판적 자세를 견지할 수 있게 한다.

④ 자율성을 향상시킬 수 있다. 토론은 수업자보다는 학습자의 비중이 높은 수업방식이다. 따라서 학습자들의 능동적인 참여와 자발적인 역할이 요구된다. 즉, 학습자가 수업자에게 의존하지 않게 됨으로써 학습자 중심의 자율적인 수업이 이루어지게 되는 것이다.

⑤ 집단의식과 공유능력을 향상시킨다. 토론수업은 학습자들에게 집단 구성원으로서의 역할과 소속감, 연대의식 등을 심어준다. 즉, 집단 속에서 자신의 기여와 책임감을 느끼게 함으로서 구성원으로서의 능력을 수행할 수 있게 한다.

(2) 토론식 수업의 단점

① 시간이 많이 소요된다. 토론식 수업을 하기 위해서는 준비와 계획단계에서 뿐만 아니라 진행과정에서도 많은 시간이 소요된다. 특히, 토론과정에서 적절한 시간 분배가 어렵고, 주의집중과 통제를 위한 소요시간도 적지 않다. 따라서 토론식 수업은 시간 소비량이 다른 수업에 비해 많다는 한계를 지니고 있다.

② 철저한 사전준비와 체계적인 관리에도 불구하고 예측하지 못한 상황이 발생할 수 있다. 이는 토론의 목적에서 벗어나서 산만하고 빈약한 대화를 하거나 초점을 잃은 채 토론을 위한 토론으로 끝날 수 있음을 의미한다.

③ 토론의 허용적 특성은 학습자의 이탈을 자극할 수 있다. 토론식 수업에서 학습자 전원이 적극적으로 참여하고 주도적 역할을 수행하기보다는 몇 명에 의해 주도될 가능성이 있다. 그 외의 나머지 학습자들은 토론 과정에서 방관하거나 무관심한 상태로 빠질 위험이 있다.

④ 알려지지 않거나 어느 정도 완전하게 이해하지 못한 사실과 개념에 대해서 효과적으로 토론하기란 어렵다. 토론하게 될 주제를 충분히 파악하지도 설명하지도 못한 채 이에 대해 생각하고 말한다는 것은 한계가 있다. 또한 학습자들이 토론 주제에 관해 어느 정도 이야기 할 수 있을 만큼의 수준에 도달해 있어야 하는데 그렇지 못한 경우가 많다. 따라서 실제 토론식 수업에서 기대하는 효과에 도달하기란 쉬운 일이 아니다.

⑤ 토론식 수업은 강의에 비해 더 많은 시간과 교사의 노력을 필요로 한다. 또한 토론식 수업은 다양하고 많은 양의 학습내용을 다루기에 부적절할 수 있다.

5.3.4 토론준비와 절차

토론식 수업설계와 수업운영의 실제는 다음 절차를 따라야 한다.

(1) 토론 계획

① 토론을 위한 문제 설정과 형식화

② 문제의 분석과 재 형식화

③ 정보 확보와 사용

④ 리더 선정 및 토론 방법 논의

(2) 토론 진행

① 토론 유도

② 토론에서 갈등 해소

- 갈등의 근원, 토론과 갈등
- 갈등에 대한 태도
- 갈등의 창조적 사용
- 개인적 갈등의 근원

③ 집단 규범과 사회적 압력

- 개인적 태도의 중요성
- 집단 규범의 원인
- 집단 규범의 위험
- 집단 규범의 유형

④ 집단사고 조직하기

- 집단 사고과정
- 집단 구성원의 기능적 역할

(3) 토론 결과의 종합 및 반성

① 토론학습의 반성 : 참여자의 태도·발언의 양과 질·인지 및 이해 수준

② 토론내용의 종합 : 학습자 전체가 참여하는 종합, 종합은 내용종합뿐만 아니라 인지수준의 정리 및 종합

③ 토론학습에서 요구되는 정보의 수집 및 참여자 개개인의 지적수준 및 자질 향상 방안

5.3.5 토론학습의 유형

(1) 대집단 토론학습

① 심포지엄(Symposium)

㉠ 심포지엄이란?

여러 명의 발표자가 어떤 문제에 대하여 각기 다른 의견을 발표한 후에 청중으로부터 질문을 받고 답변하는 형식이 심포지엄이다. 발표자는 발표 주제에

대해 사전에 조사하여 발표 준비를 해야 하므로 참여자들은 주제에 대해 전문적인 정보를 얻을 수 있다. 한 마디로 말하면 한 가지 주제를 놓고 깊이 있게 학술적으로 논의하는 것이 심포지엄의 핵심이다.

㉡ 진행순서

주제와 발표자 소개(사회자) → 순서에 따라 발표(발표자) → 다른 토론자와 질의 응답(발표자) → 발표 내용 요약 · 정리(사회자) → 청중과 질의 응답

㉢ 참여자의 역할

- 발표자 : 주어진 시간 안에 찬반의 논지를 분명히 하여 발표한다.
- 사회자 : 발표에서 토의될 주제의 일반적인 배경을 말하고, 그 중요성을 지적한다. 주제가 발표자들에 의해서 논의될 주제로 나누어져 있다는 것을 구성원들에게 설명한다. 심포지엄 참여자들에게 발표자의 약력을 소개한다. 발표가 끝날 때마다 그 내용을 요약해 주어 청중의 이해를 돕고, 이전의 발표 내용의 관계와 문제점도 정리해준다.
- 청중 : 질문이나 발언은 짧게 한다. 내용을 충분히 인식할 수 있도록 잘 들어야 하며 전체의 흐름에 어긋나지 않는 내용을 질문해야 한다.

② 포럼(Forum) 토론

㉠ 포럼 토론이란?

고대 로마시대에 재판이나 공공 문제에 대해 공개 토론을 했던 광장의 의미에서 유래되었다. 포럼 토론은 대표자에 의해 토론 또는 강의가 끝난 후에 청중들이 참여하는 공개 토론 형태이며, 자기의 의견을 발표할 수도 있다. 서로 상충되는 입장에서 논의가 시작되며 청중과 토론자의 질의 응답을 통해 현안에 대한 인식을 넓히고 해결책을 모색하는 공개 토론의 한 형태이다. 포럼 토론은 서로 상반된 견해를 하나로 통일시켜 나가거나 승패를 결정하기 위한 토론이기 때문에 대등하게 맞설 수 있는 주제를 선택하여야 한다.

㉡ 진행 순서

의제 소개(사회자) → 각자 차례로 발표(발표자) → 토론자와 질의 응답(청중, 발표자)

㉢ 참가자의 역할

- 토론자 : 문제의 핵심을 간결하고 정확하게 정리하여 발표하고, 자기의 입장을 분명히 하며, 청중들의 질문에 성실하게 답변한다.

• 사회자 : 발표 내용을 미리 알아두어야 하며, 토론 내용을 잘 듣고 요점을 명확하게 파악하여 요약해 주어야 한다. 또한 부드러운 분위기가 만들어지도록 이끌고 시간 조절도 잘해야 한다. 만약 대립 양상이 첨예하게 심화되거나 의견 대립이 심각할 때는 서면 질의를 하도록 유도한다.

• 청중 : 논제와 관련된 것을 질문하도록 하며 질문을 혼자 독점하거나 질문이 또 하나의 발표가 되지 않도록 해야 한다.

③ 패널(Panel) 토론

㉠ 패널 토론이란?

패널 토론은 배심 토론이라고도 한다. 어느 하나의 문제에 대하여 개인 또는 사회 각계의 입장이 서로 다를 때, 각각의 입장을 대표하는 전문가 또는 책임자들이 서로의 입장에서 토론하는 것이다. 4~6명의 배심원(패널)과 청중 그리고 사회자로 구성한다. TV방송 토론이 주로 이 방식을 채택한다.

패널이라고 하는 토론자는 각자의 지식이나 정보 등을 서로 교환함으로써 그 문제에 대한 깊은 이해와 앞으로의 행동방향을 여러 각도에서 찾는 것이 특징인데, 시사 문제나 특정분야의 전문적인 문제를 해결하는 데 주된 역할을 한다.

패널 토론은 찬반의 명백한 규명보다는 서로 다른 의견을 수렴·조정하는 수단으로 많이 사용된다. 패널 토론은 청중의 입장을 중시하는 것이 특징으로, 토론을 진행 중일 때나 정리할 때에 청중의 질문이나 의견이 개진되게 된다. 이 방식의 장점은 참석자 전원이 참가하는 형식을 취함으로써 토의가 활발해진다는 것이다. 단점은 사회자가 문제를 정확히 파악하지 못하거나 원활하지 못할 경우에는 토론이 너무 지루해지기 쉽다는 것이다. 또한 한정된 사람만이 발표를 독점하여, 취급하려던 문제의 핵심에서 벗어나 다른 방향으로 흐르거나 결론 없이 이론에만 치우칠 우려가 있다.

㉡ 진행 순서

토론 과제 설명, 토론자 소개(사회자) → 자신의 입장 설명, 서로 다른 정보 교환(토론자) → 토론 내용 요약, 청중의 질문 유도(사회자) → 토론자와 청중의 질의 응답, 결론 도출(청중, 토론자)

㉢ 참가자의 역할

• 사회자 : 토론자들이 문제에서 벗어나지 않도록 능숙한 조정자가 되어 특정 토론자나 발표자가 발언을 독점하지 못하도록 질문의 수나 시간을 적당히

조절한다. 모든 패널들이 적극적으로 토론에 참여하도록 조정하고 사회자 자신의 의견은 말하지 않는다. 청중들로 하여금 토론자들에게 질문을 하도록 요청한다.

- 토론자 : 주최측과 상의하여 미리 논제의 성격, 범위, 방향 등의 윤곽을 알고 있어야 한다. 발언할 때 자신의 의견을 개진하되 공격적이지 않도록 한다. 발언의 내용은 간결, 명확해야 하며 다른 토론자의 발언에도 적절히 반응한다. 청중의 질문은 끝까지 잘 듣고 조리 있게 응답해야 한다.
- 청중 : 토론자의 발표가 끝난 후에 질문을 한다. 손을 들어 사회자의 지명을 받은 후에 자신의 이름을 밝히고, 논제의 범위에서 벗어나지 않도록 요점만 간추려 질문한다. 한 번에 한 가지 질문만 하되 자신의 의견을 덧붙이는 것도 좋다.

④ 원탁 토론

㉠ 10명 안팎(3~12명)의 참가자가 서열의 구분 없이 모두가 평등한 입장에서 상호 관심사에 대해 자유롭게 의견을 나누는 토론 방식으로, 이른바 자유 토론에 속한다. 비교적 자유스러운 분위기를 조성하는 좌석 배치로서, 특정한 토론기법이라고는 할 수 없다. 토론자들이 가까운 거리에 있으므로 작은 목소리로 말해도 되고, 소수이기 때문에 자신감을 가지고 발언할 수 있으며, 토론자들 간에 적극적인 상호 작용이 이루어질 수 있다. 다만 참가자가 원탁 토론의 경험이 없거나 주제와 관련이 없는 한담이 길어지면 토론 자체가 산만해지고 시간 낭비를 초래할 수도 있다.

㉡ 진행 순서

자유로운 의견 교환, 토론할 문제 선정 → 의견을 교환하면서 문제에 대한 중요성 인식 → 주어진 문제에 대한 해결 방안 모색 → 해결 방안을 평가한 후 최선의 해결안 선택

㉢ 참가자의 역할

- 사회자 : 있어도 되고 없어도 된다.
- 토론자 : 청중인 동시에 토론자가 된다. 개인적인 과시보다는 주어진 문제에 대하여 깊이 있게 생각하고 발표해야 생산적인 토론이 된다.

⑤ 세미나

㉠ 세미나란?

세미나는 강연·강의가 끝난 뒤 강사의 말을 중심으로 이를 들은 사람들이

정의를 하고 강사가 답변을 하는 형태이다. 세미나는 어떤 단체의 주도하에 주제를 심층적으로 연구하기 위해서 활용된다.

주제 발표는 주제와 관련된 내용을 연구하는 기관에 의해 주도되며 발표자뿐만 아니라 참석자 전원이 해당 분야에 대해 수준 높은 지식과 정보를 보유하고 있으므로 공개 질의와 토론이 활발하게 이루어진다.

㉡ 진행 순서

의제와 사회자 소개(사회자)→각자 차례로 발표(발표자)→토론자와 질의응답(청중, 발표자)

㉢ 참가자의 역할

- 사회자 : 사회자는 주제 발표자를 소개한다. 또한 주제 발표자나 토론자의 발표 내용을 담은 유인물을 참가자에게도 배부하여 이해를 돕도록 한다.
- 토론자 : 토론자는 전문가이기에 성격, 영역과 범위, 목적과 내용, 방법, 평가, 평가의 실제, 유의점, 참고 및 제언 등으로 나누어서 체계적인 자료를 준비한다. 또한 주제 발표 내용에 대한 동의, 보완 또는 반대 의견을 제시하고 개선점이나 발전적인 방향도 제시한다.

(2) 소집단 토론학습

① 워크숍(workshop)

㉠ 워크숍이란?

일반적으로 워크숍은 전문적인 기술 또는 아이디어를 시험적으로 실시하면서 검토하는 연구회 및 세미나를 가리킨다. 구체적으로, 큰 집단의 참여도를 높이기 위해 몇 개의 소집단으로 나누어 이 소집단마다 리더를 정해 주어진 의제에 대한 토론을 하게 하여 결론을 내는 방식이다.

㉡ 진행순서

연구협의회 구성, 계획 수립, 주제 설정, 예산 확보, 자원 인사 선정, 원고 청탁(준비 단계)→동기 유발, 기조 발표・주제 발표, 분과 토론(전개 단계)→정리 발표, 종합 토론, 총평, 보고서 제출(정리 발표 단계)

㉢ 참가자의 역할

- 분과장 : 주제를 간단하게 설명하고 토론을 진행시킨다. 또한 주제와 벗어나는 토의가 되지 않도록 조정하며, 한 두 사람이 토론을 독점하지 못하도록 한다. 또한 토론의 내용을 요약하여 우선순위를 정하고 최종 실천안을 만든다.

• 분과원 : 창의력과 분석력을 발휘하여 토론에 적극 참여하며, 토론 과정에서 정리된 내용을 논리적인 체계를 세워서 보고서를 제출하는 경우가 많다.

② 브레인스토밍(Brainstorming)

㉠ 브레인스토밍은 회오리바람을 일으킨다는 의미로 리더, 기록자 외에 10명 이내의 참자가(stormer)들이 기존의 관념에 사로잡히지 않고 자유로운 발상으로 아이디어나 의견을 내는 것이다. 단시간 내에 많은 아이디어를 취합해야 하는 경우에 주로 이용하면 좋다. 집단발상법으로서 회의에 적용할 수 있어 일상 업무 속에서도 활용되고 있으나, 의사 결정이나 의견 조정을 위한 회의에는 적용할 수 없다. 폭풍처럼 빠른 속도로 두뇌를 회전시켜 잠재의식 속에 있는 아이디어들을 많이 유발시키므로 양이 질을 동반하게 하는 장점이 있다.

㉡ 진행 순서

소집단 내 공동과제 확인 → 전체 문제 해결 방법의 모색을 위한 토론 → 개인별 과제 분담 → 개인별 자유로운 아이디어 만들기 및 발표 → 분단 공동 과제 해결 방법 모색 → 종합 토론 → 문제 해결 보고서 작성 → 학급 전체의 집단별 해결 방안 모색(참가자의 역할)

㉢ 참가자의 역할

• 사회자 : 회의 규칙을 크게 써 붙여 참석자 전원에게 이 규칙을 지켜야 한다는 것을 인식시킨다. 또한 다른 사람이 자유롭게 발언할 수 있는 환경을 만들어야 하며 발언에 대한 판단은 뒤로 미뤄야 한다. 적극적이고 역동적으로 견해를 수용하고 격려하며, 제시된 견해의 10%만이 최종 분석에서 채택될 것이므로 제출된 의견의 분량을 조절한다.

• 참가자 : 왜, 언제, 어디서, 누구와, 어떻게, 무엇을 따위의 의문을 사용해서 아이디어를 발전시킨다.

③ 버즈 토론 : 필립66(Phillips 66)

㉠ 버즈(Buzz) 토론이란?

버즈 토론이란 대체로 3~6명으로 구성되는 소집단 토론 방식이다. 한 주제에 대하여 6명씩으로 구성된 각 그룹이 6분 정도 토론한다는 뜻으로 '6~6법'이라고도 한다. 이 방법은 문제나 개념에 주의를 기울이거나 흥미를 갖게 하는 데, 또는 본격적인 토론을 위한 예비 토론 방법으로 매우 효과적이다. 버즈 토론은 짝과의 토론으로부터 시작하여 점점 다른 구성원들과 확대 공동 토론을 전개하는 방식을 취할 수도 있다. 예를 들면, 처음에는 2명씩의 짝 집단이 다른 집단을 만나 4명의 새 집단을 만들어 토의를 진행하고, 또 얼마 지난 다음에는 이 4명의 집단이 다른 4명의 집단과 모여 8명의 집단이 토의를 해 나갈 수 있다.

㉡ 진행 순서

소집단 형성(앞줄 3명, 뒷줄 3명 마주보기)→토론 주제와 서기 선출, 문제 해결 방안 모색→소집단에서 합의된 내용을 전체 회의에 보고→전체 토론 및 질의 응답, 종합 의견 도출

㉢ 참가자의 역할

소집단의 서기는 각 구성원들이 제시한 견해를 기록하고 토론 시간이 끝난 후에 소집단의 견해를 전체에게 알릴 수 있도록 준비한다.

소집단의 의장은 주어진 시간 안에 최선의 합의된 의견을 도출한다. 전체 집단의 주재자는 제한 시간이 지나면 처음 상태로 다시 모여 합의된 의견을 한 가지씩 발표하게 한다.

5.3.6 토론학습의 효과적 운영 관리

토론이 효과적으로 이루어지기 위해서는 토론계획이 치밀해야 하며, 토론 전개와 마무리 역시 교사와 학생이 뚜렷한 목적의식을 갖고 성실하게 참여할 때 가능하다. 효과적 토론을 위한 일반적 원리 및 교사와 학생의 역할을 살펴보자.

(1) 일반적 원리

효과적인 토론수업이란 토론에 참여하는 교사와 학생의 준비가 철저하고 상호작용이 활발하게 이루어지는 것을 말한다. 이러한 점에 비추어 본 일반적 원리는 다음과 같다.

① 효과적인 토론을 위해서 집단 구성원은 가능한 한 전원 참석하여 토론 자료를 읽고, 이해한 내용에 대해 토론할 준비를 갖추어야 한다.

② 토론수업은 집단 구성원들이 적극 참여하고 상호 작용할 때 효과적이다. 적극적으로 참여한다는 것은 모든 구성원들이 토론 자료를 사전에 검토할 뿐만 아니라, 구성원들 간의 인간관계 개선에도 노력한다는 의미이다. 상호작용이란 상대방 의견에 반응을 보이고, 서로 교환되는 과정을 말한다.

③ 토론수업은 즐거워야 한다. 모든 수업이 즐거워야 효과적이지만, 토론수업은 특히 그렇다. 따라서 토론 중에는 민주적이고 화목한 분위기를 만드는 것이 중요하다.

④ 토론 자료는 일정한 토론절차에 따라 충분히 다루어져야 한다.

⑤ 토론수업에서 평가는 개인과 집단에 대해 평가를 동시에 실시해야 한다. 토론수업에서는 개인의 성취뿐만 아니라 집단의 과정이나 성취를 강조한다. 왜냐하면, 토론수업에서는 개인의 성취가 집단 구성원들간의 관계 속에서 이루어지기 때문이다.

(2) 효과적 토론수업을 위한 교사의 역할

효과적 토론수업을 위한 교사의 역할은 다양하다. 다양한 역할을 어떻게 수행하느냐가 토론수업의 질을 결정한다. 특히, 토론경험이 없거나 적은 학생들을 가르칠 때에는 교사의 질이 전적으로 좌우한다. 몇 가지 중요한 역할을 보면 다음과 같다.

① 교사는 토론에 필요한 전문적 자원자의 역할을 수행하여야 한다. 토론이 문제에 봉착했을 때나 학생들의 지식이 부족할 때 전문적 지식과 정보를 제공할 수 있어야 한다.

② 학생들을 토론법에 익숙하도록 훈련시켜야 한다. 학생들이 토론절차나 기술에 익숙하지 않아 토론이 잘 안 되는 경우가 많다. 따라서 토론을 하기 전에 토론에 관한 학습을 먼저 시키는 것이 바람직하다.

③ 토론학습에 참여한 학생들을 직접 평가하거나 객관적 기준을 마련해 학생에게 주고 학생들로 하여금 상호 평가를 시킨다. 객관적 기준으로는 토론 자료의 이해 정도, 아이디어 표현능력, 자료의 적용능력, 그리고 집단토론에의 기여도 등이다.

④ 토론을 위한 모든 여건들을 정비한다. 토론실을 정비하며, 집단 구성원들을 확인하고, 주제를 결정한다. 좌석 배치를 조직하고, 시간 설정 등을 결정한다.

⑤ 토론목표와 절차를 일러준다.

⑥ 토론을 진행시키고, 촉진하며, 흐름을 유지시킨다.

⑦ 토론상황을 통제한다. 예컨대, 말을 너무 많이 하거나, 다투는 듯한 어조로 할 경우, 혹은 전혀 말을 하지 않는 사람들을 적절히 통제한다.

⑧ 토론내용을 요약하거나 학생에게 요약하도록 부탁한다.

⑨ 토론의 흐름이 궤도를 벗어났을 때에는 토론 참가자(학생)들에게 토론의 원래 목적을 상기시켜 준다.

⑩ 지도자(교사)는 토론이 진실하고 개방적으로 이루어지게끔 참가자들을 존중한다.

⑪ 교사는 학생의 태도와 행동을 판단하지 않으며, 수용과 격려 자세를 가져야 한다.

(3) 효과적 토론수업을 위한 학생의 역할

토론수업의 주인공은 학생들이다. 비록 교사의 지도하에 이루어지는 수업일지라도 학습의 주체는 학생이다. 토론수업에서 학생들이 수행할 역할을 살펴보면 대략 다음과 같다.

① 교사의 지도하에 토론을 시작한다. 가급적 자진해 먼저 발언하는 것이 바람직하다.

② 발언자의 내용을 토론자 입장에서 재 진술해 발언의 의미를 정확하게 파악하고, 자신의 발언내용을 명백히 하기 위해 반드시 예를 들어준다.

③ 발언자 내용의 사실 여부를 검증한다. 즉, 발언자의 내용을 재 진술해 정확한 의사소통 여부를 확인하며, 그 주장의 옳고 그름을 판단한다.

④ 토론내용을 수시로 요약·정리하며, 명료화하고, 종합한다.

⑤ 토론을 유지시키고 계속 진행시키기 위해 토론에 적극 참여한다.

⑥ 토론학습에서 시간 관리는 중요하다. 따라서 예정된 시간을 지키기 위해서 누군가 시간을 관리해야 한다.

⑦ 학생들은 토론중이나 끝 부분에서 토론을 평가해야 한다.

Chapter | 06

협력학습

6.1 협력학습의 개념

협력학습이란 전통적인 소집단 학습, 또는 개별 학습에서 야기되는 단점을 보완하고 협력적인 상호작용을 촉진하기 위해 집단보상과 협동기술을 추가한 학습방법으로 "주어진 학습과제나 학습목표를 소집단으로 구성된 구성원들이 공동으로 노력하여 그 목표에 도달하는 방법"이다.

(1) 협력학습의 동기론적 관점

동기론적 관점에서 보면 기존의 학습은 학습자간의 경쟁을 조장할 수 있어서 집단의 소수만이 목표에 도달하는 문제가 있다. 이 경우 만성적으로 학습의 실패를 경험하는 학습자들은 무기력해져 학습에 소극적이게 될 수 있다. 또한 지나치게 경쟁을 의식하다 보면 학습상황에 대한 불안이 조성되어 지적 활동에 대한 관심과 집중을 방해하게 된다.

경쟁이 필요 없는 다인수 학급에서의 문제점을 해결하기 위한 협동학습은 집단보상, 개별책무성, 학습참여의 균등한 기회보장의 세 가지 원칙을 갖고 있다.

① 집단보상의 원칙

다른 구성원을 도와 함께 과제를 수행하고 함께 같은 보상을 받는 것으로 개별 학습자들은 타인의 도움을 받아 좋은 보상을 받을 수 있는 이익에 대한 동기를 갖게 되는 것을 말한다.

② 개별책무성의 원칙

소집단 구성원들이 집단 내에서 자신에게 부과된 과제를 완수해야 할 의무와 함께 동료들의 과제수행을 도와야 하는 의무를 말한다.

③ 학습참여의 균등한 기회의 보장

누구나 동등하게 집단의 중요한 구성원으로 인정받고 함께 참여하고 싶어 하는 욕구를 보장해 주는 것이다.

(2) 협력학습의 사회적 관점

사회적 관점에서 보면 교실은 하나의 복잡한 사회체계이며, 따라서 사회체계로서 교실은 교실의 물리적 조직, 학습과제의 구조, 교사의 수업형태와 의사소통의 형태, 학습자의 사회적·학문적 행동 등과 같은 구성요소를 포함하고 있다. 여기서 학습자의 사회적·학문적 행동과 교사와의 의사소통의 형태는 수업이 조직형태에 따라 달라진다.

하지만 경쟁학습이나 개별학습 형태를 전적으로 배척하는 것은 잘못이며 목적성취를 위해 협력학습 과정에서 경쟁학습을 적절히 활용하는 것도 바람직할 것이다.

6.2 협력학습의 의의

첫 째, 협력학습을 통한 상호작용은 동료 간의 우정, 서로에 대한 적극적인 태도, 다른 사람에 대한 책임감, 타인에 대한 존경심을 가져온다.

둘 째, 협력학습에서는 모든 집단 구성원들이 그 집단의 학습목표를 달성하는 데 다같이 기여하기 때문에 각자는 상당한 성공경험을 갖게 되고, 이는 학습태도 및 학습동기를 높인다.

셋 째, 협력학습이란 학습능력이 각기 다른 학생들이 동일한 학습목표를 향하려 소집단 내에서 함께 활동하는 수업방법이기에 '전체는 개인을 위하여, 개인은 전체를 위하여'라는 태도가 형성된다.

넷 째, 협력학습은 집단 구성원들의 성공적 학습을 위하여 서로 격려하고 도움으로써 학습부진을 개선할 수 있다.

6.3 협력학습의 장점

첫 째, 학교에서 협력학습으로 행하는 과제가 사회에서 요청되는 과제들과 성격이 흡사하여 협력학습을 많이 한 경우 사회에 적응하거나 문제의 해결에 많은 도움을 받을 수 있다.

둘 째, 혼자서 학습하는 경우보다 더 많은 것을 학습할 수 있다.

셋 째, 혼자서는 시도하기 어렵다 싶은 일도 여럿이 해내다 보면 자신감이 생기게 되어 주어진 과제에 대한 도전을 하는데 필요한 적절한 기질, 성향, 태도 등이 개발된다.

넷 째, 다른 학습자들이 가지고 있는 학습방법을 관찰하고 배울 기회가 주어진다.

다섯 째, 학습자들은 동료로부터 도움을 받는 과정에서 다른 사람의 힘을 빌릴 수 있는 능력을 갖추게 된다(어휘력, 친화력, 분석력 등).

여섯 째, 무슨 일이든 서로 나누어 함께 해결하고 그 결과에 대해 보람을 갖는 협력적 태도를 형성할 수 있다.

일곱 째, 소집단 활동을 통해 자기 자신에 대한 이해를 넓힐 수 있으며 나아가 타인에 대한 이해를 확장하게 된다. 즉, 스스로의 장단점뿐만 아니라 타인의 장단점도 이해하게 된다.

여덟 째, 소집단 학습활동은 학습자들이 각기 자신의 자원(시간, 에너지, 능력, 성질) 등을 스스로 관리하고 통제하는 방법을 배우게 된다.

6.4 협력학습의 단점

첫 째, 어떤 일을 수행할 때 과정보다는 결과를 중요시하는 버릇이 생기 수 있다.

둘 째, 소집단 내에서 특정 학습자나 리더가 어떤 것을 잘못 이해하고 있을 때 다른 사람들이 그것을 그대로 따라갈 우려가 있으며 이럴 경우 잘못된 이해가 더욱 강화되는 경향이 있다.

셋 째, 그저 집단과정만을 더 소중히 생각하는 경향을 초래할 수 있다. 이 때 학습과제는 소홀히 하게 되고 자칫 놀이집단으로 변질될 우려가 있다.

넷 째, 학습자들이 교사에게 의존하는 경향이 감소하는 대신 또래에게 의존하는 경향이 커질 우려가 있다(의타심 형성).

다섯 째, 아무리 소집단이지만 그 안에서는 개개인의 능력과 배경 등 다양한 요소에 의해 서로 다른 대우를 받게 된다. 그리하여 소집단 학습시 우수한 학습자에게 발생할 수 있는 또 하나의 현상은 부익부 현상이다.

여섯 째, 반대로 소집단 내에서 또래들에 비해 능력이 다소 떨어지는 학습자들의 경우에는 상호작용의 기회를 상실하게 되거나 자아존중감의 손상을 입을 수 있다.

일곱 째, 위의 사례가 악화된 경우 소외된 학습자는 결국 집단 활동 속에서 그저 자신을 방어하고 보호하는 전략과 기능만을 키울 우려도 있다.

여덟 째, 아주 유능한 학습자의 경우 모든 것을 다 알면서도 일부러 집단 활동에 동참하지 않거나 기여하지 않는 경우도 있다. 여러 가지 이유가 존재하지만 이런 행동은 집단 활동을 실패로 이끌게 되는 문제점을 갖는다.

아홉 째, 협력학습에서 가장 문제가 되는 것은 집단 간 편파(偏跛)로써 상대집단이나 다른 집단의 구성원에게 적대감을 가지는 한편 자기가 속한 집단의 구성원에게 더 호감을 느끼는 것이다.

이와 같은 단점을 보완하기 위한 방법으로는 기적으로 소집단을 재편성하거나 과목별로 소집단을 다르게 편성하는 방안이 있다(집단 간 편파의 문제 해결). 그 밖에도 자아존중감의 손상이 우려되는 학습자들을 위해서 협력학습 시작 전이나 중간에 협력학습기술을 습득시키고 교사가 관찰을 계속 하는 방안이 있으며, 부익부 현상 방지를 위해 각본을 통한 역할분담 등의 방법이 있다(집단 보상 강조).

6.5 협력학습의 모형

(1) Jigsaw 모형

복수의 이질집단들이 집단별로 교육내용을 한 영역씩 나누어 맡아 팀별로 학습한 후 해당 내용에 대해 책임지고 다른 팀들의 학습을 책임지는 협력학습 모형으로 협동이 필연적으로 일어나도록 구조화하는 것이 특징이다. 그림 짜맞추기 퍼즐처럼 팀별로 학습한 내용의 전개가 모두 끝나야 학습이 완성된다는 점에서 이같은 이름을 갖게 되었다.

이 모형은 과제해결의 상호의존성은 높으나 보상의존성이 낮다. 그리하여 형식적인 집단목표가 없다. 그러나 협동적 보상구조의 본질적 역동성은 존재한다(각 집단 구성원의 적극적인 행동이 다른 집단 구성원들에게 보상받도록 도와줌).

(2) Jigsaw Ⅱ 모형

모든 학생이 전체 학습 자료와 과제 전체를 읽되 특별히 관심 있는 주제를 선택한 다음, 그것을 전문가 집단에 가져가서 철저히 공부한 후 다시 자기 소속팀으로 돌아와 가르치는 것이다. Jigsaw의 개별보상에 집단보상이 추가된 것으로 기존 모형과 달리 인지적이고 정의적 학업성취의 영역에서 전통적 수업보다 효과적이라는 장점이 있다. 또한 개별 학습자나 팀은 자신들의 좋아하거나 원하는 주제를 할당받을 수 있도록 한다는 점이 원래 모형과 다른 점이다.

(3) 성취과제분단모형

수학과목에 주로 이용되는 것으로 학생들은 넷 또는 다섯 명으로 구성된 학습 팀으로 조직하게 되는데, 각 팀은 전체 학급의 축소판처럼 학습능력이 높은 학습자, 중간인 학습자, 낮은 학습자의 이질적인 학습자들로 구성된다. 매주 교사가 새 단원을 소개하면 각 팀은 연습문제지를 짝을 지어 풀고, 질문하고 토의하면서 그 단원을 학습한다. 연습문제에 대한 해답도 주어지므로 학생들은 개념을 이해하는 것이 목적임을 인지하게 된다. 구성원 모두가 학습내용을 완전히 이해할 때까지 팀 학습이 계속되고, 팀 학습이 끝나면 개별적으로 시험을 본다. 개인은 각자 자기 점수를 받음과 동시에 이전의 평균점수보다 뛰어난 점수를 받으면 팀 점수에 기여하게 된다.

이 모형은 집단 구성원들의 역할이 분담되지 않은 공동학습 구조이면서 동시에 개인의 성취에 대해 개별적으로 보상되는 개별보상 구조이다. 팀 경쟁 학습모형과 함께 가장 성공적인 실험결과를 낳고 있으며 모든 교과목에서 효과적이며, 특히 수학과목에서 매우 효과적인 것으로 나타났다.

(4) 팀 경쟁학습

성취과제분담 학습과 비슷하지만, 여기에서는 게임을 이용, 각 팀 간의 경쟁을 유도한다. 이 집단 간의 토너먼트 게임은 개별학습 성취를 나타내는 게임이며, 매주 최우수 팀이 선정된다.

이 모형은 공동작업 구조이고, 보상은 집단 내 협동 대 집단 외 경쟁의 원칙에 의해 주어진다.

(5) 팀 보조 개별학습

수학과목의 적용을 위한 협력학습과 개별학습의 혼합모형이다. 4명 내지 6명 정도의 이질적 구성원이 한 집단을 형성한다. 프로그램화 된 학습 자료를 이용하여 개별적인 진단검사를 실시한 후, 이를 근거로 각자의 수준에 맞는 단원을 개별적으로 학습하게 된다.

개별학습 이후 단원평가 문제지를 풀고, 팀 구성원들은 두 명씩 짝을 지어 문제지를 상호 교환하여 채점한다. 여기서 80% 이상의 점수를 받으면 그 단원의 최종적인 개별시험을 보게 된다. 개별시험 점수의 합이 각 팀의 점수가 되고 미리 설정해 놓은 팀 점수를 초과했을 때 팀이 보상을 받게 된다.

이 모형은 학습자 개개인이 각자의 학습속도에 따라 학습을 진행해나가는 개별학습을 이용한다는 점에서 독특하다. 개별 작업과 작업분담 구조의 혼합 구조를 띠고, 보상구조 역시 개별보상 구조와 협동보상 구조의 혼합 구조이다.

(6) 집단조사

학생들은 2~6명 정도의 소집단으로 나누어지고 전체에서 학습할 과제를 집단 수에 맞추어 작은 단원으로 세분한다. 각 집단은 토의를 거쳐 각 개인의 작업이나 역할을 정한다. 각 집단별 조사학습 이후 집단은 전체 학급을 대상으로 보고하게 되고, 교사와 학생은 각 집단의 전체 학급에 대한 기여도를 평가하게 되는데, 최종 학업성취에 대한 평가는 개별적인 평가나 집단 평가를 한다.

이 모형은 학습할 과제의 선정에서부터 집단보고에 이르기까지 학생들 스스로의 자발적 협동과 논의로 학습이 진행되는 개방적인 방식이다.

구조는 작업분담 구조와 공동작업 구조의 혼합이며, 보상 구조 역시 자유로이 선택할 수 있는 구조이다. 주로 초등학교 사회과 수업에 이용된다.

(7) 함께 학습하기

5~6명의 이질적인 구성원으로 구성되어 있으며 주어진 과제를 협동적으로 수행한다. 과제는 집단별로 부여하고 보상과 평가도 집단별로 받는다. 시험은 개별적으로 시행하나 성적은 소속된 집단의 평균점수를 받게 된다. 경우에 따라서 집단평균 대신에 집단 내 모든 구성원이 정해진 수준이상에 도달했을 때 각 집단 구성원들에게 보너스 점수를 주기도 한다.

이 방법은 학생들의 협동적 행위에 대해서 보상을 줌으로써 협동을 격려하고 조장한다. 집단 구성원들은 관련 자료를 같이 보고 이야기 하며 생각을 서로 교환할 수 있고, 교사는 학생들의 상호작용을 관찰하여 보다 원활한 상호작용이 이루어지도록 노력한다.

특히 이 모형은 집단토의 및 집단적 결과를 활용하여 목적뿐만 아니라 수단으로써 협동을 강조할 수 있다. 그러나 하나의 집단보고서에 집단보상을 함으로써 무임승객 효과, 봉 효과와 같은 형상이 나타나 상대적으로 다른 협동학습모형보다 효과적이지 않을 수도 있다.

6.6 협력학습 기술과 절차

(1) 청취기술

① 말 바꾸어 진술하기

소집단 구성원 중 한 명이 아이디어를 창안하여 진술하면 다른 학습자는 자기 자신의 아이디어를 진술하기 전에 먼저 진술한 아이디어를 말을 바꾸어 재 진술한다.

그리고 그 외의 학습자는 아이디어 재 진술의 정확성과 완전성에 대해 피드백을 한다. 이런 활동을 소집단 구성원들이 돌아가면서 계속하게 된다. 이 기술의 효과는 모든 구성원들이 상대방의 말에 귀 기울일 수 있다는 것이다.

또한 아이디어를 제시한 학습자가 자신의 아이디어를 다른 학습자가 어떻게 이해하는지 파악할 수 있다.

② 3단계 면담

소집단의 구성원 4명을 면담자와 피면담자의 두 쌍으로 나누어 자신이 아는 내용을 말하고 그 다음에는 역할을 바꾸어 실시한다. 그리고 차례로 돌아가면서 면담에서 배운 내용을 말하는 단계를 거친다.

③ 라운드 로빈

소집단 구성원들이 차례로 돌아가면서 말하는 방식이다.

(2) 번갈아 하기

① 라운드 테이블

전 구성원들이 하나의 연습지에 하나의 볼펜을 사용하여 기술하는 방식이다.

② 발언 막대기

소집단 구성원들이 각각 3개의 막대기를 가지고 토론을 시작하는데, 말하고자 하는 학습자는 테이블 한가운데에 자신의 막대기를 두고 이야기하여야 한다.

(3) 도움주기

① 또래끼리 점검하기

4명으로 이루어진 한 팀을 두 쌍으로 나눈다. 각 쌍의 한 사람은 문제지를 풀고 나머지 한 사람은 점검하고 칭찬해 준다. 그리고 역할을 바꾸어 실시한다. 이때 서로의 답에 대한 의견이 일치되지 않을 때 상대방에게 물어본다. 그래도 의견이 일치되지 않을 때 소집단의 팀장이 교사에게 질문한다. 그리고 두 사람이 서로의 답을 비교한 후 일치하면 악수를 한다.

② 플래시 카드(Flash card)

4명으로 이루어진 한 팀을 두 쌍으로 나눈다. 예를 들면 낱말의 뜻을 카드의 뒷면에 적고 그 낱말을 앞면에 적어, 한 명이 상대방에게 낱말의 뜻을 보여 주면서 낱말을 맞추도록 하는데, 모르는 경우에 상대방이 옳은 답을 할 때까지 조금씩 힌트를 주면서 정답을 말할 수 있도록 유도한다. 그것의 역할을 바꾸어 실시하고 또 팀의 다른 구성원의 카드를 바꾸어 실시한다. 이때 보통 낱말의 개수는 3~4개로 한정한다.

③ 함께 생각하기

소집단 4명이 한 팀이 되어 각 구성원에게 번호를 부여한다. 그리고 교사는 질문을 하여 각 팀별로 생각해 보게 한다. 소집단 구성원들은 서로서로 질문하고 가르치면서 교사의 질문에 대한 답을 합의한다. 그 다음에 교사가 무작위로 번호를 부르면 해당 학생들이 대답한다. 이 방법은 전통적 수업에서 번번이 나타나는 교사와 공부 잘 하는 학생들과의 집중적 상호작용을 막고 소집단 구성원들끼리 서로서로 협동하고 도와주는 장점이 있다.

(4) 칭찬하기

① 인정 막대기(Affirmation chips)

소집단 구성원이 각각 세 개의 막대기를 가지고 토론을 하면서 상대방 의견을 지지할 경우 자신의 막대기를 테이블 가운데 놓는다.

그 외에도 앞에서 나온 또래끼리 점검하기 기술도 있다.

(5) 정중하게 기다리기

팀의 한 사람이 문제지를 풀고 있을 때 정중하게 기다린 후 점검하고 칭찬해 준다. 역할을 바꾸어 실시할 때도 마찬가지이다.

(6) 협력학습의 절차

① 수업목표의 상세화 및 평가준거의 제시

② 협력학습의 소집단 구성

③ 상호의존성의 조성 및 학습과제의 설명

Chapter | 07

학습 집단과 소집단 토의

7.1 학습 집단 조직

(1) 수업의 효율화와 학습 집단

학생들과 교수들을 어떻게 조직하면 보다 효율적으로 수업을 전개할 수 있겠는가 하는 문제는 항상 논의되고 연구된 문제이며, 그 사회의 교육관, 교육 여건과 학생의 발달 정도에 기초한 조직이어야 한다. 어떠한 학습 내용은 특별한 자질을 갖춘 교수에 의해 현재 학급 인원의 몇 배가 되는 대집단을 대상으로 하고도 효과적으로 교수할 수 있지만 교육 목표와 내용의 성격에 따라서는 대집단 교수보다는 소집단 연구나 협의 및 개별 학습에 의하는 것이 보다 효과적일 수 있을 것이라 전제하면서 학습 집단의 크기를 대집단, 소집단, 개별 학습 집단으로 나누어 제한하고 있다. 그러나 학습 집단 편성의 실제에 있어서는 교육내용, 교수학습활동 등에 따라서 대 · 중 · 소집단으로 편성될 수도 있지만 학습 집단은 학생들의 시간과 재능을 가장 효과적으로 활용하기 위해 조직되는 것이므로 학습 목적에 따라 다양하게 바꾸어져야 한다.

(2) 학습 집단 조직의 원리와 유형

학습 집단 편성은 수업활동의 효율화를 위하고 개별지도를 구현하기 위해 조직되어야 한다. Hikes는 다음과 같이 학습 집단 편성의 기본 원칙을 제시하고 있다.

① 학습 집단 조직은 교육 목적과 긴밀하게 연결이 되는 것이다.

② 학습 집단 조직은 학습 조건을 개선하는 데 도움이 되는 것이어야 한다.

③ 학습 집단 조직은 적당히 융통성이 있어야 한다.

④ 학습 집단 조직은 학생들의 성장의 여러 가지 요인을 고려한 것이어야 한다.

⑤ 학습 집단 조직은 학생들의 각각 나은 학습 속도에 맞도록 시설과 자료를 효율적으로 활용할 수 있는 것이어야 한다.

⑥ 학습 집단 조직은 자연스러우며 헌신적이어야 한다.

⑦ 학습 집단 조직은 역효과를 가져오거나 학생들에게 열등감을 주는 것이어서는 안 된다.

Coodlad와 Andesron은 학습 집단 편성의 준거를 다음과 같이 들고 있다.

① **능력별 집단 편성** : 일반적으로 지능검사 및 언어 발달 정도를 기초로 학습 집단을 편성한다.

② **성적 수준별 집단 편성** : 표준화한 학업 성취 검사의 결과를 기초로 학습 집단을 편성한다.

③ **인성 및 학습경향별 집단 편성** : 학생의 독립성, 의존성, 학습기능, 학습습관, 학습 흥미 등을 기초로 학습 집단을 편성한다.

④ 기타 준거에 의해 편성할 수도 있으나, 학습 집단의 편성은 단일 준거에 의해 편성하기도 하고, 여러 준거를 종합해서 편성할 수도 있으며, 각 교과 성취도에 따라서 편성할 수도 있다.

(3) 교과와 학습 집단 조직

모든 교과에 있어서 능력별 편성이 효과적이냐에 대한 질문에 확답할 수는 없다. 즉 계통적 교과에 있어서는 장기적인 학습 결손의 누적으로 학습 결함이 생기면 해당 교육내용은 받아들일 수 없는 상태가 된다.

그러므로 이러한 교과에 있어서는 능력별 학습 집단 편성을 해서 적절한 교육내용을 제시할 수 있다. 그렇지만 예·체능 교과 등은 능력별 편성보다는 선택과정으로서 계열별 학습 집단으로 편성하거나 사회과목 등은 이질 집단으로 편성하는 것이 보다 효과적이다.

(4) 소집단 구성 방법 및 운영

① 소집단의 구성 방법

소집단 크기는 2~6명 범위를 가지는 것이 적당하리라 본다. 처음 시도하는 학급은 2~3명이 적당하고 학생들이 협동 학습에 경험이 많아지면 6명까지 구성할 수 있다. 소집단 크기가 8명 이상이면 1~2명이 학습을 주도하고 그 외 학생들은 소외되거나 수동적으로 되어 협동 학습이 이루어질 수 없다. 소집단 크기는 학습 과제에 따라 다양하나 학습 시간이 적을 때는 소집단 크기는 적을수록 좋다.

소집단 편성 방법은 다음과 같다.

첫 째, 일반적으로 학생의 능력 면에서 상·중·하의 이질적인 구성원으로 구성한다.
이질집단으로 구성해야 하는 이유는 첫 째, 또래끼리 가르치기와 지원의 기회를 제공하기 때문이다. 둘 째, 이성관계의 개선이다. 셋째, 학급 관리의 효율성을 위해 학습 능력이 높은 학생이 교수 보조 역할을 할 수 있다. 흥미나 취미에 따라 소집단을 구성할 수도 있으나 이는 극히 제한되어야 한다.

둘 째, 비과업 지향적인 학생은 과업 지향적인 학생과 한 팀이 되도록 구성한다.

셋 째, 사회성 측정도(sociogram)를 활용하여 친한 친구가 있으면 그들끼리 소집단을 구성하도록 하고 그 외 학생은 교수가 구성해주는 것이 바람직하다. 또 소외된 학생은 능력 있고 격려나 지원을 잘 하는 학생 옆에 앉히는 것이 좋다.

학생 자신들이 소집단을 구성하면 능력 면에서 상위 집단의 학생은 상위 집단의 학생끼리, 하위 집단의 학생은 하위 집단의 학생끼리, 여학생은 여학생끼리 소집단을 구성하는데 이는 도움이 되지 못한다. 되도록 여학생과 남학생을 섞어서 팀을 구성하고 평소에 사이가 좋지 않은 학생이나 너무 친한 학생들이 한 팀이 되는 경우를 피해야 한다.

그러나 학기 초에는 담임도 학생들을 제대로 알지 못하기 때문에 무작위 모둠을 구성하여 한 달 정도 생활을 해본 후에야 성적, 리더십, 교우 관계 등을 복합적으로 고려하여 소집단을 구성할 수 있다.

② 소집단의 운영

구분	내용 및 방법
리더 뽑기	· 집단을 대표하는 중심 인물로 리더를 결정한다. · 분단의 구성원으로 일정기간 윤번제로 리더의 역할을 바꾸어 맡게 한다.
리더 역할	· 구성원에게 안정감과 소속감을 주어 모두가 마음을 열게 한다. · 구성원에게 협의문제를 보다 쉽게 풀어서 설명한다. · 구성원의 의견을 문제해결에 도움이 되도록 한 방향으로 이끌어야 한다. · 문제결정에 크게 벗어나지 않는 한 즐겨 들어준다. · 기억하거나 메모하였다가 협의과정을 구성원이 잘 알 수 있도록 중간 정리를 해 준다. · 구성원의 이야기를 종합하여 집단의 의견으로 재구성할 수 있어야 한다. · 집단의견을 구성원 누구나 발표할 수 있도록 발표준비를 시키고 발표 기회를 준다.
이름 짓기	· 소집단의 이름을 재미있고 알기 쉽게 구성원 협의 하에 이름을 지어 활용한다.
협의 과정	· 학급집단 전체에 해당되는 제재를 정한다. · 제재에 대해 구성원 각자가 개인 사고를 하여 자기 의견을 갖는다. · 발표자를 결정한다. · 발표자는 집단의 의사가 충분히 제시될 수 있도록 예행연습을 한다. · 전체협의 후 발표하고 각 집단의 의견을 분석한다. 그리고 질의와 보충 발언을 활발히 한다. · 공동의 문제에 대하여 관심을 모으고 그에 대한 자기의 생각을 말한다. · 자신의 의견을 관철하는 의지를 지니나 틀렸을 때에는 솔직히 인정하고 양보한다. · 즐거운 분위기 속에서 경쟁하지 않는다. · 개인→소집단→전체학습을 거치는 협의활동시 항상 메모한다.

(5) 소집단 구성에 따른 학급 관리

소집단을 구성하면 학생들은 목적하는 바에 따라 자신이 원하는 대로 움직이며 창의적인 상호작용을 해야 한다. 그럼으로써 본성적으로 활동적이고 상호작용적인 학생들의 생리적 요구가 충돌되며 교수에 의한 학습 관리 영역은 감소하는 듯하지만, 교수의 사전 계획이 잘 활용되지 않으면 어려움이 따를 수 있다는 점을 알고 실천해야 한다.

학생간의 상호작용이나 학습을 위한 시간을 늘리기 위하여 교수의 발언을 되도록 줄일 때 바람직한 협동학습 관리가 가능해지며 또한 다양한 비언어적 신호(손짓, 박

수, 소리신호 등)와 학급 규칙을 정하여 활용한다면 소집단 구성을 위한 학급 관리가 이루어져 학습 효과를 높일 수 있을 것이다.

(6) 소집단 구성을 위한 좌석 배치

좌석 배치는

첫 째, 선생님과 칠판 쪽을 쉽게 볼 수 있고,
둘 째, 팀 동료들을 쉽게 볼 수 있고,
셋 째, 팀 동료에게 쉽게 근접할 수 있도록 배치하여야 하며,
넷 째, 팀들 간에도 방해 없이 서로 가까이 근접하여 작업할 수 있어야 한다.

책상과 걸상의 배치는 학생들이 쉽게 서로를 돌아볼 수 있고 교실 앞쪽을 보기 쉽도록 배치되어야 한다.

(7) 모둠 짜기

① 몇 명을 하나로 묶는 것이 효과적인가?

가장 효과적인 학습을 위한 집단의 규모는 어느 정도이어야 할까?

대부분의 교수들은 학습 활동의 가장 기본적인 협력 단위가 '짝'이라고 보고 있으며, 짝을 두 쌍 모은 4명이 가장 활발한 학습 집단의 규모로 생각하고 있다.

② 학급 안에 몇 개의 모둠을 운영하는 것이 좋은가?

다인수 학급이 대부분인 우리나라의 교실 실정에서, 32명 정도의 학생 수를 가진 학급이라면 4인 1 모둠을 운영하여 여덟 개의 모둠이 생긴다. 따라서 40명이 넘는 학급에서 4인 1 모둠을 짠다면 10개 이상의 모둠이 생긴다는 말인데, 이 정도 숫자면 교수 한 명이 통제하기가 어렵다. 그러나 모둠 수가 너무 적으면 모둠 간 역동성이 떨어지게 된다. 그렇다면 한 학급에는 몇 개의 모둠이 있는 것이 좋은가? 적당한 학습 당 모둠 수는 여섯 모둠 정도라고 얘기한다. 전체 학생 수를 40명이라고 할 때, 6~7명을 한 모둠으로 묶으면 대략 여섯 모둠 정도가 나오는데, 2교시를 이어서 수업하면 여섯 모둠 모두 발표 기회를 가질 수 있어 더욱 효과적이 될 것이다.

③ 언제 모둠을 바꾸어 줄 것인가?

교수에 따라 교과마다 자리배치 등을 바꾸어 학습 집단을 변화시키는 경우도 있다. 그러나 교과에 따른 학생들의 흥미나 성취도의 차이가 별로 크지 않기 때문

에 과학실험을 하거나 운동장 체육을 하는 경우가 아니면 교과마다 모둠을 바꾸는 교수는 그리 많지 않다.

그렇다면 남는 문제는 한 번 정한 모둠을 어느 정도 지속시켜야 하는가이다. 모둠이 너무 오래 지속되면 학생들은 지루해할 수 있으며, 학급 전체를 대상으로 하는 학급운영이 어려워지기도 한다. 무엇보다 다양한 경험과 의견을 나누도록 한다는 집단 활동의 의미가 퇴색된다.

④ 모둠 활동과 자리 배치

학습 집단의 구성과 긴밀한 관계를 맺는 것이 바로 자리 배치이다. 일반적인 교실의 자리 배치 방법은 앞 칠판을 향해 모든 책상이 일렬로 늘어서 있는 것이다. 토론 등의 모둠 활동이 활발해지면서 모둠원들이 책상을 마주 보게 자리를 배치하는 경우도 많아지고 있다.

여기서 문제가 되는 것은 평상시 자리 배치를 어떻게 할 것인가이다. 즉 평상시에는 일제식 자리 배치를 하고 모둠 활동을 할 때나 특정교과시간에만 모둠별 자리 배치를 하는 것이 효과적인가, 아니면 평상시에도 모둠별로 자리 배치를 할 것인가이다.

당연히 이 문제는 주된 수업 형태가 무엇인가에 달려 있다. 교수가 주도하는 일제식 수업이 주를 이룬다면 평상시에도 모둠별로 자리 배치를 하는 것은 학생들이 서로 잡담할 기회만 제공할 뿐이다. 그러나 모둠별로 자리 배치를 한다면 일제식 자리 배치를 할 때 보다 뒷자리나 양쪽 옆자리의 학생들의 소외를 줄일 수 있다. 모둠별로 모아놓은 책상 사이를 교수가 돌아다니면서 산만한 모둠이나 수업 내용에 집중하지 않는 모둠 옆에 교수가 서 있기만 하는 것으로도 학생들의 집중을 유도하는 효과가 있기 때문이다.

(8) 모둠 활동의 효과적인 수업 형태

① 짝 활동이 가장 효과적인 경우

짝 활동이 가장 효과적인 경우는 아무래도 서로 공부한 내용을 확인하거나 암기를 할 때이다. 이때는 집단의 규모가 커지면 개인에게 돌아가는 시간이 적어지므로 두 사람이 주고받으며 암기하는 등의 활동이 알맞다.

짝을 이룬 두 사람이 성적 격차가 서로 벌어지지 않는다면, 수학 등의 상호 지도도 가능하다. 개인 지도의 효과가 있기 때문이다. 그러나 수학교과의 경우 성적 격차가 너무 크다거나 하위권 학생만으로 짝을 이루고 있을 때는 이런 효과를 기대하기 어렵다.

② '다양한 가치관의 발견'이나 '상이한 경험의 공유'가 필요한 때

'다양한 가치관의 발견'이나 '상이한 경험의 공유'가 필요한 때에는 4명 이상의 집단 규모가 적당하다. 아이들은 토론을 통해 '개별→일반'으로, '구체→추상'으로의 상승을 경험할 수 있으며, 그 역도 가능하다. 이 과정에서 민주적인 의사소통의 경험을 쌓을 수 있음은 물론이다.

이 때 가장 중요한 것은 아이들끼리 충분히 의사소통할 수 있도록 기다려주고 개방적인 분위기를 만들어주는 교수의 역할이다.

③ 학교 밖에서 해야 하는 과제를 할 때

학교 밖에서 해야 하는 과제를 할 때는 친구와 함께 하는 것만으로도 마음이 든든해지고 자신감이 생기게 마련이다.

지그소우나 토픽 같은 협동학습에서는 당연히 모둠 활동이 필요할 뿐만 아니라 그런 교수모델 자체가 모둠 같은 집단 활동을 원활하게 하기 위해 개발된 것이므로 가장 체계적이고 기능적인 협업과 분업을 가능하게 만들어준다.

7.2 소집단 토의

(1) 소집단 토의의 시기

- 교수 발문에 대해 거수자가 전체의 1/2 이하일 때
- 새로운 문제(수업 내용 관련 불문)가 제기될 때
- 학습 정리 단계에서 공부한 내용을 모아 개념이나 원리 또는 법칙으로 정리할 때
- 실험, 관찰한 내용을 정리할 때
- 예체능 교과 학습에서 각 소집단별로 연습이 필요한 때
- 예습적 과제 해결 내용을 모아 정리할 때 : 같은 점과 비슷한 점
- 한 단원을 학습하고 난 후 복습 겸 정리를 할 때 : 단원 공부 순서에 따라 학습한 내용을 요약하기, 문제를 만들어서 돌려가면서 풀기

(2) 소집단 토의의 중요성 알게 하기

- 교수가 하나의 주제를 제시하여 자기 혼자의 생각을 기록하게 한 후

- 소집단별로 여러 내용을 모아 정리한 다음,
- 혼자서 생각한 내용과 소집단 토의를 하여 정리한 내용을 비교하게 하여 소집단 토의가 자신의 공부에 많은 도움을 준다는 사실을 알게 하기

(3) 소집단 토의 방법의 지도

① 모범 사례 본뜨기

- 모범이 되는 토의 사례를 복사하여 배부하고 내용을 2~3회 정도 읽게 한다.
- 좋은 토의 방법과 내용을 알아본다.
- 별도의 토의 주제를 주어 같은 내용과 방법으로 토의하게 한다.

② 개별적인 지도

- 소집단 대표자의 지도 : 각 소집단의 리더들을 대상으로 교수가 참여하여 소집단 토의 훈련을 하여, 각 소집단으로 돌아가서 교수가 했듯이 다른 학생들에게 토의 요령을 가르쳐 주도록 한다.
- 리더의 역할 지도

③ 수업 중 순회 시의 소집단 토의 지도

순회하면서 토의 상황을 점검하여 알맞은 지도 및 조언을 하고 전체 학습 시에 발표할 소집단을 선정한다.

- 순회 시에는 학생의 눈높이에 맞추어 토의에 참여하기
  (교수는 쪼그리고 앉은 자세로 소집단의 한 구성원으로 참여한다.)
- 전체 학습 활동 시간에 발표할 소집단을 선정하기
  (순회하면서 토의하는 내용과 그 결과를 잘 보아두었다가 전체 학습 시에 발표할 소집단과 발표 순서를 계획하는 것이 수업 경제상 도움이 된다.)

(4) 소집단 토의학습을 통한 학습력 신장

① 소집단 토의학습의 효과

소집단 학생들끼리 상호 대화하는 것은 개념이나 원리를 발견하는데 도움을 주며 대화를 통해서 새로운 아이디어를 개발하게 되고 자신의 생각을 명료하게 할 수 있게 된다.

학생들은 소집단 학습을 통해 질문을 하고 아이디어를 토론하며 시행착오도 하고, 다른 사람의 아이디어를 듣는 것도 배우며 건설적인 비평을 하고 그들이 발견한 것을 정리할 수 있게 된다.

이와 같이 의사 교환을 통한 소집단 학습은 학생들이 자기의 의견이나 생각을 털어놓고 모르는 것은 일러주고 협력해 가면서 문제를 해결하게 된다. 또, 소집단 학습은 참여하는 개개인이 특이하게 공헌하고 모두가 경험을 공유하게 되며, 집단 사고에 의한 합리적인 결론을 이끌어낼 수 있다.

② 소집단 토의학습 지도방법

㉠ 소집단 토의학습 과정

ⓐ 학습 문제의 설정 : 전체 학습

ⓑ 문제 해결 방법 구상(아이디어 산출) : 전체 또는 소집단 학습

ⓒ 문제 해결(의견, 분석, 종합, 평가 해결 내용 정리)

- 개인 학습 - 각 개인이 과제 해결에 몰두
- 소집단 학습 - 소집단의 정보 교환
- 전체 학습 - 학습 전체에서의 정보 교환

ⓓ 교수의 보충, 수정과 정리

ⓔ 개인 또는 소집단에서의 확인 - 확인 학습

㉡ 토의 활동시 주의할 점

ⓐ 자기 의견을 고집하지 않는다.

ⓑ 틀렸거나 실수한 말에 웃거나 비난하지 않는다.

ⓒ 자기가 학습한 내용 중에서 의심나는 점은 분명하게 제시하도록 한다.

ⓓ 자기의 의견과 다를 경우에는 그 이유를 밝혀 이해를 구하도록 한다.

ⓔ 음성의 크기는 자기 분단원들이 들을 수 있는 정도의 작은 소리로 한다.

ⓕ 우수학생이 독점하지 않도록 한다. 그러기 위해서는 첫 발언은 (마)번, 다음으로 (나), (다)번 그리고 맨 나중에 (가)번이 발표하도록 순서를 정해 놓고 전체 발표 시에도 윤번제로 발표하도록 한다.

ⓖ 타 분단의 활동, 또는 발표된 내용에도 깊은 관심을 갖고 메모하면서 듣도록 한다.

ⓗ 교수는 궤간 순시를 하면서 활동 내용과 방법을 지도하고 고립된 학생이 있는가를 살펴서 챙겨주도록 한다.

㉢ 토의 참여 촉진 방법

ⓐ 교실 분위기를 자유분방하며, 허용적이고 개방된 환경으로 가꾼다.

ⓑ 집단 성숙을 가져올 수 있도록 소집단을 구성한다.

ⓒ 관련성 있는 토의 주제를 선정한다.

ⓓ 토의 목표에 대한 해결 방법 및 내용을 철저히 납득시킨다.

ⓔ 학습 부진아로부터 반응을 구한다.

③ 소집단 토의학습 훈련

㉠ 발표 훈련

ⓐ 위치 : 모든 대상을 보고 말할 수 있는 위치를 잡는다.

ⓑ 눈의 방향 : 듣는 사람을 보며 말한다.

ⓒ 기술

- 메모를 보고 말하는 습관을 기른다.
- 모든 학생들이 들을 수 있게 천천히, 알기 쉽게, 바르게, 분명하게 말한다.
- 요점을 빼지 않고 생각하며 말한다.
- 접속사로 앞, 뒤의 말을 관련지어 말한다.

ⓓ 훈련

- 결론부터 먼저 말하고 이유와 원인, 조건 등을 순서 있게 말하도록 한다.
- 그림, 사진, 그래프, 지도, 도표, 모형, 실물, 교과서, 참고서, 사전 등의 자료를 써서 발표한다.

㉡ 발표 의욕을 높이는 방법

ⓐ 자유롭게 발표할 수 있는 허용적이고 지시적인 분위기를 조성한다.

ⓑ 교수는 적절한 자료와 문제를 함께 준다.

ⓒ 교수는 의도적으로 발표하지 않으면 안 될 상황을 만들어 준다.

ⓓ 발표에 앞서 충분히 생각을 할 수 있는 시간을 주어야 한다.

ⓔ 발표할 내용은 반드시 메모하여 발표하는 습관을 들인다.

④ 소집단 토의학습에서의 역할

㉠ 교수의 역할

ⓐ 토의에 가능한 참견하고 않고 조력자 내지는 추진자 역할을 한다.

ⓑ 교사는 학생들의 토의를 통제하려고 해서는 안된다.

ⓒ 토의가 성공할 확률이 큰 주제를 선정한다.

ⓓ 순회하면서 활동 내용과 방법을 지도하고 고립된 학생이 있으며 발견하여 지도한다.

㉡ 소집단 구성원의 역할 분담과 지도

ⓐ 역할 분담

구성된 각자가 긍지를 갖고 학습 활동에 참여하도록 소집단 전원에게 역할 분담을 주고 임무를 교체하도록 하여 전 영역을 고루 담당하는 기회를 갖도록 한다.

역할 \ 내용	활 동 내 용
조 장	전체 통괄, 의견 조정, 발표내용 파악
부 조 장	조장 부재시 대리, 소집단 협의 내용 기록
기 록 계	실험 관찰 결과, 소비단 협의 내용 기록
자 료 계	각종 자료 배부, 수합 제출, 관리
발 표 계	소집단 협의를 종합하여 발표
연 락 계	타 집단과의 정보 교환

⑤ 소집단 내의 역할

<사회자>

- 토의할 문제나 내용을 명확히 해준다.
- 발표할 기회를 고르게 준다.
- 항상 토의 주제나 내용과 관련지어 생각하게 한다.
- 소집단 토의의 규칙을 지키도록 환기시킨다.

<발표자>

- 소집단명을 밝히고 토의한 내용을 발표한다.
- 창의적인 아이디어는 제안자의 이름도 소개해 준다.
- 설득력 있는 자료나 사례를 들어 발표한다.

Chapter 08

집단적 의사결정 모형

8.1 집단적 의사결정 모형의 특징과 수업 절차

8.1.1 집단적 의사결정 모형의 특징

사회과에는 다른 어떤 교과보다 다양한 수업 모형이 존재한다. 그리고 사회과 수업 모형의 근본적 방향은 사회과학적 지식 탐구와 가치 탐구를 통해 합리적으로 의사결정을 내릴 수 있는 능력을 키우는데 있다. 여기에서 말하는 의사 결정은 일반적으로 결정자의 마음을 분명히 하고 판단을 하여 결론에 도달하는 행위 또는 과정을 의미한다. 그리고 이러한 의사결정은 '합리적'이어야 한다. 합리적이라는 것은 이론이나 이치에 합당한 것으로서, 논리적 원리나 법칙에 잘 부합함을 의미하는 것이다. 따라서 합리적 의사결정은 보편적인 원리에 근거하여 판단하고, 선택에 있어 다른 사람의 의견에만 의존하지 않고 자신의 지적인 이성을 사용하여 이루어진 의사결정을 의미하는 것이다. 사회과는 개인적 필요와 사회적 필요의 조화를 추구하는 교과로서 개인과 사회의 조화로운 의사결정을 추구해야 한다. 이러한 사회적·교육적 필요에 의해 만들어진 교수·학습 모형이 집단적 의사결정 모형이다.

집단적 의사결정 모형은 다양한 의사결정 상황에 직면하였을 때, 개인적 의사결정뿐 아니라 집단적 의사결정 과정(구성원 전체의 합의와 협상)이 필요함을 인식하게 함으로써, 민주 시민이 갖추어야 할 합리적 의사 결정 능력을 기를 수 있는 모형인 것이다. 따라서 집단적 의사결정 모형은 개인적·사회적 문제의 해결이나 미래 문제의 학습 및 기타 합리적 의사 결정을 필요로 하는 모든 학습문제에 적용할 수 있다.

집단적 의사결정 모형 수업의 형태적 특성을 살펴보면 다음과 같다. 권오정은 수업의 형태적 특성을 조직적 측면과 방법적 측면에서 파악할 수 있다고 하였다. 즉, 학습 형태는 학습 집단을 어떻게 조직할 것인가와 학생들에게 어떤 방법으로 가르칠 것인가라는 준거에 의해 분류할 수 있다는 것이다. 학습 집단을 어떻게 조직할 것인가를 준거로 학습 형태를 분류하면, 학습자 전원이 같은 학습 활동을 하는 일제 학습, 학습자들을 몇 개의 소집단으로 나누어 소집단별로 학습 활동을 전개하는 소집단 학습, 학습자 하나하나 개별적으로 학습을 전개하는 개별 학습으로 나눌 수 있다. 그리고 어떻게 학습 활동을 시킬 것인가(활동방법)에 따라 학습 형태를 분류하면, 조사 · 견학을 주로 하는 현장 학습, 물건을 만들거나 도표, 그림 등을 그리는 활동이 중심이 되는 구성학습, 텔레비전이나 영화 혹은 OHP 등을 통한 시청각 학습, 학습자들이 직접 사회 활동에 있어서의 역할을 분담하여 활동해 보는 극화 학습(role play), 교사의 이야기를 듣는 강의법, 학습자들이 조사 · 견학한 내용이라든가 생각한 바를 발표 · 보고하는 활동을 주로 하는 발표 - 보고 학습, 토의와 대화를 통해 학습 문제에 접근하는 토의 - 대화 학습 등으로 나눌 수 있다.

권오정의 분류 기준에 의존하여 집단적 의사결정 모형의 학습 형태적 특성을 살펴보면 다음과 같다. 먼저, 학습 형태의 조직과 관련해서는 기본적으로 소집단(협동) 학습 형태를 지향한다고 할 수 있다. 그러나 세부적으로 들여다보면, 문제 확인 단계는 일제 학습의 성격이 강하며, 문제 정의 이후의 개인적 과정과 집단적 과정 중 '같은 의견을 가진 사람 찾기' 단계는 다분히 개별 학습의 성격이 강하다. 그리고 그 이후의 집단적 과정의 단계들은 전형적인 소집단 학습 형태를 가진다고 할 수 있다.

따라서 집단적 의사결정 모형은 전체적으로 소집단 학습 조직의 형태를 취하고 있지만, 그 내면에는 일제 학습과 개별 학습의 요소가 모두 포괄된 학습 형태라 할 수 있다.

다음으로 학습 활동과 관련해서는 전체적으로 토의 - 대화학습을 지향한다고 할 수 있다. 수업의 가장 중요한 과정이 협상과 타협의 과정을 경험하게 하는 부분이므로 집단적 의사결정 모형은 토의 - 학습이라고 해도 크게 무리는 없을 것이다. 그러나 집단적 의사결정의 모형이 구체적인 수업 상황으로 도입되면서 그 활동 방법은 매우 다양하게 변화될 수 있다. 즉, 문제를 확인하는 단계에서 텔레비전을 활용한다면 시청각 학습이 될 것이며, 문제 해결 과정에 자신의 감정을 이입하여 특정 상황이나 인물을 시연하게 된다면 극화학습(role play)이 될 것이다.

따라서 집단적 의사결정 학습의 형태적 특징을 보면 기본적으로 학습 조직은 소집단 학습의 형태를 가지고 있으며, 활동 방법은 토의 - 대화 학습을 지향한다고 할 수 있다. 그러나 각 단계별 활동 내용을 보다 자세히 관찰해 보면 다양한 학습 조직 형태와 활동 방법들이 혼재하고 있음을 알 수 있다. 이는 집단적 의사결정 모형이 어떤 한 가지의 학습 조직이나 활동방법으로 유형화할 수 없는 매우 다면적이고 유연한 교수 - 학습 모형임을 알려주는 것이다. 이러한 집단적 의사결정 모형의 특성은 다양한 능력을 가진 민주 시민을 양성하고자 하는 현대 사회과 교육 목표 달성에 매우 유용한 교수 - 학습 모형임을 시사하는 것이기도 하다.

8.1.2 집단적 의사결정 모형의 특징

집단적 의사결정 모형에 따른 수업 진행 절차의 형식적 측면을 보면, 크게 개인적으로 이루어지는 과정과 집단적으로 이루어지는 과정으로 나눌 수 있다. 의사결정 모형은 기본적으로 개인적 의사결정을 기초로 한다.

집단적 의사결정은 개인적 의사를 최대한 집단의 것으로 확장하려는 과정에서 나타난 것인데, Massialas와 Hurst(1978)는 집단적 의사결정 모형을 크게 개인적 과정 4단계와 집단적 과정 7단계로 나누어 제시하고 있다.

표 8.1 Massialas와 Hurst의 집단적 의사결정 모형의 절차

개인적 과정	1. 문제 확인 2. 문제 정의 3. 대안 탐색 및 개발 4. 대안의 평가 및 최선의 대안 선택
집단적 과정	1. 같은 의견을 가진 사람 찾기(지지호소) 2. 집단결집 3. 집단조직 4. 협상 및 타협 5. 집단적 결정에 앞선 제안 설명 6. 투표하기 7. 결정의 실행

개인적 과정의 1단계는 해결해야 할 문제가 무엇인지 인식하는 단계이다. 이 단계에서는 이미 학습된 단원과 학습될 단원을 연계시키고, 학생들의 흥미와 학습 의욕을 고취시키며, 학습 과제를 파악하고 학습 계획 및 학습 방법을 예측하는 단계이다. 2단계는 그 문제를 정확하게 정의하는 단계이다. 3단계에서는 대안을 개발하며, 4단계에서는 그 대안들을 평가하고 최선의 대안을 선택하는 단계이다. 이러한 개인적 의사결정 단계를 거친 후 집단적 과정을 거치게 된다.

집단적 과정의 1단계는 자신의 의사에 가장 가까운 지지자를 찾는 단계이다. 이를 위해 자기 의사의 정당성을 말하고 지지를 호소하거나 자신의 의사와 가까운 사람을 지지하게 된다. 2단계는 의견이 같은 사람들끼리 행동을 위해 결집하는 단계이다. 3단계는 구체적인 행동 계획을 수립하기 위해 집단을 조직하는 단계이다. 4단계는 협상 단계이다. 특정 집단의 의견은 전체 사회에서 항상 받아들여지기는 힘들고 때에 따라서는 반발을 사게 된다. 따라서 어느 정도의 타협이나 협상이 필요한 것이다. 5단계는 집단 결정의 진술로, 집단 전체의 합의된 의견을 진술하는 것이다. 6단계는 투표이다. 민주주의 사회에서 대부분의 사회 문제에 대한 결정은 다수결에 의존하므로 대개 투표를 최종적 의사결정의 도구로 사용한다. 7단계는 투표를 통해 결정된 사항을 따르는 것이다. 1에서 6단계의 과정이 공정하게 진행되었다면, 7단계는 자연스럽게 이행된다.

집단적 문제의 해결을 위해서는 개인적 의사결정도 중요하지만 그러한 결정을 공론화하여 집단의 의사로 확장해가는 것도 매우 중요한 과정이라고 할 수 있다. 집단적 문제해결을 위해서는 구성원간의 활발한 의견 교환을 통한 사회적 기능과 타협 정신의 신장이 필요한 것이다.

Chapter | 09

대학 신입생의 공학 교육 사례연구

시대는 변하고 대학 교육에 대한 요구 또한 계속적으로 시대의 변화에 부응하도록 변화를 이끌고 새로운 동력을 제안하기를 기대 받고 있다. 한편 대학 신입생들의 교육 수준 및 관심사도 변하고 있으므로 이러한 변화를 교육 과정에서 적절하게 반영할 필요가 있다. 이를 위해서는 다양한 관련 기초 연구 및 실제사례를 참조하는 등 기반 연구가 매우 필요하다. 이글에서는 미국 대학 공대 신입생 교육에 대한 사례 소개를 통해 바람직한 공학 교육에 대한 몇 가지 의견을 제시하고자 한다. 이를 통해 대학 신입생의 공학 교육이 포함해야 하는 요소들은 무엇인지에 대해 사례를 통해 그 대안은 무엇인가 살펴보고자 한다.

9.1 신입생의 공학 교육

기술의 발전으로 새로운 제품이 등장하고 보편화되어 이전 단계의 기기들과 교체되어 이용된다. 실례로 최근에는 인터넷의 광범위한 보급과 더불어 휴대전화의 생활화를 통해 일상생활에서의 변화는 눈에 띄게 나타난다. 이러한 도구의 발전은 생활의 변화는 물론 사회적, 문화적 변화 또한 가져오고 있다. 따라서 변화하는 시대에 적합하도록 교육도 계속적으로 변화되도록 요청된다.

일반적으로 교육이란 단순한 지식을 전달하는 일차적인 목적에서부터, 지식이 만들어진 배경에 대한 이해를 통해 그에 담긴 의미를 파악하는 측면, 그리고 마지막으로 지식에 대한 이해를 바탕으로 새로운 지식을 만들어 낼 수 있는 역량을 길러주는 세 단계로 나누어질 수 있을 것이다. 변화에 부응할 수 있는 교육이란 이 세 단계를 모두 포함할 수 있어야 하는데, 단순한 지식의 습득으로는 변화하는 사회에 대해서 제대로 인식하고 대응할 수 없기 때문이다. 따라서 이러한 세 단계를 모두 포함할 수 있는 교육이 필요한데, 특히 가장 상위의 고등 교육기관인 대학 교육은 세 가지 단계를 모두 포함하면서도 시대적 변화에 따른 교육 개선까지 수행해야 하기 때문에 매우 중요하다.

물론 인성개발을 통한 인재양성이라는 교육의 근본적인 목적은 변하지 않지만, 시대 변화에 따라 이를 적절하게 반영하고 새로운 시대 변화를 원할하게 주도할 수 있는 통찰력 및 새로운 응용기술을 이해할 수 있는 지식에 대한 강조는 대학 교육에서 무시할 수 없는 역할이라고 할 수 있다.

특히 대학 교육 중에서도 공학 교육은 산업 인력의 양성이라는 국가 경쟁력 확보 측면에서의 영향력을 감안할 때 매우 중요한 영역이라고 할 수 있다. 해방 후 본격적인 대학 교육에서 공학 교육은 매우 빈약한 기반에서 시작되었지만 산업화와 연계하여 지속적으로 성장해 오고 있다. 최근의 경우 규모에서는 크게 성장해 오고 있지만 질적인 성장은 국내외적으로 전폭적인 인정을 받고 있지는 않는 듯하다. 거기에는 여러 가지 원인이 있을 수 있지만 기초에 충실하지 않고 빠른 효과를 볼 수 있는 분야에 일시적으로만 집중해 오는 현상이 그 중에서 가장 큰 원인이라 판단된다. 산업화를 위해서는 빠른 결과를 보는 것이 중요하지만 이제부터라도 기초 원리를 충실히 하며 다양한 분야를 통합적으로 접근할 수 있는 시야의 확대가 필요하다고 생각된다. 여기서 어떻게 그 기초 원리를 충실하게 전달하며 다양한 학문 분야를 다룰 수 있느냐는 오늘의 대학 교육이 안고 있는 큰 과제이다. 물론 이것은 대학 자체만의 임무라기보다는 사회 전체가 여기에 큰 관심을 가지고 초·중등 교육에서 이를 감안한 교육 체제를 갖추고 직업 교육에서도 이를 뒷받침해 주어야 한다.

최근 대학 교육 체계의 변화는 학부제로의 변경 등 개인의 전공 선정 경험을 넓히는 일차적인 목적뿐만 아니라 대학 입학과 함께 특정 전공에 집중하기 보다는 기초 원리를 다양하게 접할 기회를 얻는다는 측면에서 바람직한 모습을 가지고 있다고 평가할 수 있다. 여기서 중요한 것은 여러 가지 복수 학과에서 사용되는 공통적인 것과 개별적인 기초 원리를 어떻게 학부제를 통해 학생들에게 교육할 수 있느냐이다. 한국의 교육에 대한 전폭적인 관심과 열정은 그 어느 나라보다 부족하지 않기 때문에 이러한 문제점을 인식하고 지속적인 노력을 보인다면 좋은 결과를 얻을 수 있을 것이다. 그러면 여기서 이슈는 어떻게 그 노력을 계획으로 구체화시켜서 실천에 옮길 것인 가이다.

대학 신입생 교육은 고등 교육의 가장 최전선에 있는 영역이며 가장 큰 관심을 가져야 하는 분야라고 할 수 있다. 초기의 학부제에서 교육 과정 개발이 충분한 시간을 가져 제대로 준비, 실행, 검증되었다기보다는 전체 대학에서 유행처럼 거의 동시에 실시되어 효율적인 운행이 되었다고는 어렵다. 시도 이후의 경험에 따라 실제 피교육생이 필요로 하는 분야가 무엇인지, 피교육생들의 이해도 차이, 다른 나라에서는 대학 공학 교육을 어떤 관점에 준비하고 실행에 옮기는지, 어떤 고민들을 하고 있는지를 참조하는 것은 매우 중요한 자료가 될 수 있다. 본 서에서는 이러한 중요성에 기인하여 필자의 몇 가지 경험을 공유하며 우리나라 대학 교육의 발전에 작게나마 발전시킬 수 있는 방안에 대하여 논하고자 한다.

9.2 교육 환경의 변화

컴퓨터와 휴대전화의 보급은 사회 곳곳에서 많은 변화를 가져오고 있다. 우편, 전화나 팩스에 의해 운영되던 기존의 매뉴얼적인 업무 관행이 네트워크로 전산화되고 상호 연결되고, 단절되어 운영되던 자료 저장, 조회, 발급 시스템이 이제는 통합되어 네트워크라는 보편적 매개체를 통하여 거의 실시간으로 관리되고 인터넷을 통해 거리 혹은 위치에 제약을 받지 않게 되었다. 따라서 행정, 재무, 기록 등과 다양한 자료들을 굳이 특정 장소에 방문하지 않고 접근할 수 있게 되었다.

이러한 기술 발전 사회에서 기존에 생각하지도 못했던 일들이 가능해지고 일상생활상으로 자리 잡게 되었다. 한국에서의 인터넷의 보급은 그 어느 나라보다 빠른 상황으로 그와 병행하여 휴대전화의 높은 보급률 및 다양한 성능 수행 능력을 가진 휴대전화의 활용도의 증가는 기술 보편화 측면에서 다른 나라들보다 한걸음 더 나가 있는 상태라고 할 수 있다. 여기서 중요한 것은 이러한 하드웨어적인 보급을 바탕으로 하여 구체적인 부가가치를 만들어 낼 수 있는 소프트웨어를 만들어 내는 것이다.

거기서 더 나아가서 새로운 제도, 법규 등이 병행하여 발전해야 한다는 것을 강조하고 싶다. 일차적 자동화와 실시간 처리라는 기능적 성장에서 고부가 가치를 가진 규칙과 제도의 변화, 즉 문화의 창조로 유도할 수 있어야 한다는 것이다.

젊은 세대들은 언제나 여러 가지 편리한 기기와 서비스에 익숙해진 피교육자들로서 대부분 학생의 신분이 되는데, 이들은 자신들에 대한 교육에서도 위에서 언급한 것처럼 변화된 사회상들이 반영된 것을 기대하기 마련이다. 따라서 학교의 일부 운영 시스템은 자동화, 전산화되어 도서 열람이나 공지사항들에 대하여 휴대전화를 통한 개인들에 대한 문자 메시지 배포 등과 같은 제도가 생겨나고 있다. 즉 몇 가지 정보에 대해 동시 다발적으로 선택적으로 소식을 전파하는데 발전된 단계에 이르게 되었다. 하지만 일차적인 교육 전달 수단의 다양성이 실질적인 효과를 거두기 위해서는 실제 교육 현장에서 학생들의 관심을 끌어야 하고 교육 업무 효율 향상을 동시에 만족시킬 수 있어야 한다. 사회에서 다양한 정보 시스템 및 정보 기기의 보급은 학생들에게 이를 교육하고 이를 이용하여 더 부가가치를 가지고 있는 제품을 만들 수 있는 역량을 배양시켜야 한다. 이를 위해 상당한 전산 시스템 및 기반 시설에 대한 투자가 필요하다. 이전 시기와 비교하여 정보 시스템 구축비용의 감소와 대학 간의 경쟁의 심화로 인해 이러한 투자는 상당 부분 진행되어 있다고 할 수 있다. 따라서 중요한 것은 구축된 전산 시스템을 실제 교육에 어떻게 실효성 있게 사용하느냐이다. 물론 지금 이 순간에도 각 대학별로 많은 발전이 되고 있을 것이지만, 피교육생의 관점에서 교육 내용 개발과 함께 효율적으로 진행되고 있는가는 살펴볼 만한 문제라고 생각된다. 계속적으로 발전하는 도구의 성공적인 이용 및 그 이용 방법의 보급은 대학 자체의 경쟁력을 높이고 더 나아가서 새로운 교육 시장을 창조할 수 있을 것이다.

9.3 공학 디자인 기초 교육 사례

본 서에서는 대학 신입생 교육에서의 사례를 통해 우리나라 대학 교육에서 참고할 만한 것이 어떤 것인가를 살펴보고자 한다. 미국의 한 주립 대학에서 공과대학을 전공하는 신입생 대상에게 - 타 전공을 이수한 복수 전공 혹은 전과한 2학년 이상 포함 - 필수 과목의 진행 과정에 대해 소개하고자 한다. 본 과목 강의에 대한 본 저자의 경험 소개를 통해 대학 신입생의 공학 교육에서는 무엇을 다루는 것이 좋은 것이며, 이를 위한 시스템을 어떻게 구축하는 것이 좋은 것인지에 대해 알아보고자 한다. 특히 강조하고 싶은 부분은 교육 진행과 더불어 그 대학의 전산보조 시스템이 개개 수업에 조화를 이루고 있는가이다.

일반적으로 공대 신입생의 숫자가 상당히 많음을 감안한다면 이 과목은 개별적으로 각 학과에서 실시하지 않고 공통 프로그램으로 분류되어 공과대학에서 별도의 조직이 구성되어 공통의 프로그램을 만들고, 강의 진행은 공대의 각 학과 교수들에 요일 및 시간별로 나누어서 개별적으로 강의되고 있다. 시간별로 구분이 되어 수강 신청을 받기 때문에 각 분반 별로 다양한 학과에 속한 학생 및 교수들에 의해 강의가 진행되기 때문에 모두 다 똑같은 내용에 대해 진행되지는 않는다. 공통적인 내용으로 공학 디자인에 대한 기초개념 및 방법론에 대한 이론부분과 공통 실습 프로젝트가 있고, 개별적인 부분으로 그 방법론을 실제 경우에 적응하는 나머지 한 가지 프로젝트를 수행하는 것으로 구성되어 있다. 즉 일주일에 두 시간씩 두 번의 강의를 바탕으로 공학 디자인에 대한 일반 기초 방법론에 대한 이론 교육이 강의에 주를 이루고 한편으로 이러한 방법론을 실습해 볼 수 있는 두 가지 연구프로젝트를 수행하는 형태를 이루고 있다. 여기서 프로젝트 진행을 위한 컴퓨터 사용 능력으로 전체 공통으로 마이크로소프트사의 엑셀이 사용되고 강사의 선택에 따라 추가적인 소프트웨어, 예를 들면 Matlab이 사용되었다. 실습 교육부분은 두 가지 프로젝트 모두 3인 이상의 그룹으로 나누어 수행하며 평가는 그룹 평가와 개인 평가를 동시에 반영하여 이루어졌다.

9.3.1 기초 이론과 방법론에 대한 교육

기초 이론과 방법론에 대한 교육은 대학교 내에서 자체 제작된 교재를 바탕으로 하여 공학 디자인의 개념, 다양한 형태의 디자인에 대한 설명과 사례 소개, 보고서 작성 및 발표 준비 방법 등에 대한 교육으로 이루어진다. 특히 보고서 작성의 경우에는 이전 문헌 조사, 제안서, 시행 보고서 및 완료 보고서 등으로 나누어서 각각 보고서 작성에서의 주요 목표와 주요 항목에 대하여 교육된다. 그리고 프로젝트를 시행하기에 앞서 프로젝트 수행에 대한 시간표 개념인 Gantt Chart에 대한 설명을 통해 전체 프로젝트를 제약된 상황에서 수행하기 위한 절차적 이해를 구하고자 하였다. 즉 공학을 전공하는 학생들에게 가장 기초적이며 공통적인 프로젝트의 진행에 대한 일련의 과정들에 대한 목적 및 형식에 대한 개괄적인 설명의 시간을 갖는 것이다.

각 단계별 결과 발표의 경우 presentation software인 마이크로소프트사의 파워포인트를 이용하여 연구 프로젝트를 수행하면서 가능한 한 학생들의 직접발표 경험을 쌓게 하고 발표 후 그 발표에 대한 평가를 통하여 잘된 점, 잘못된 점을 지적하고 바로잡도록 하였다. 즉 발표 방법에 대한 실제 문제에 대해, 적절한 개념적 연결을 유도하도록 하였다.

9.3.2 연구 프로젝트 실습

한편으로 컴퓨터 및 소프트웨어에 대한 사용 경험 및 기초 교육을 위해 마이크로소프트사의 엑셀 소프트웨어 사용법과 공학 예제 응용에 대한 실습을 위의 이론과 병행하였다. 개별 담당 교수들의 개인별 전공에 따라 건축학, 산업공학, 전자공학, 화학공학, 토목공학 등 다양한 전공을 가진 교수들에 의해 교육이 실시되기 때문에 공통 방법론을 강의하는 시간이 배정되어 있다.

그리고 자신들의 전공들 중에서 대학 신입생 수준에서 진행 가능하도록 선택한 주제에 대하여 기초 설명하는 시간과 함께 프로젝트를 진행하게 함으로 프로젝트 진행 상황에 대한 기본 지식을 실행에 옮기고 정리하여 발표하는 시간을 갖도록 한다.

물론 단점으로는 본인들의 전공과 직접적으로 연관된 세부 프로젝트를 수행할 수 없다는 측면이 있을 수 있다. 하지만 전공과 직접적인 연관성은 없지만 교육내용이 연구 방법에 대한 전산 시스템에 대한 사용이라는 방법론을 실습할 수 있는데 주안점을 가지고 있기 때문에 준비 단계로 활용하는 데서 의미를 찾을 수 있다. 대학 신입생들에 대한 교육은 직접적인 전공에 대한 기초 교육뿐만 아니라 더욱 전문적이며 고차원적인 연구를 수행하는데 공통적으로 필요로 하는 기초 방법론 또한 포함하여야 한다. 여러 학문 분야에 따라 분야별로 적합한 방법론들이 존재할 수 있을 것이다. 여기서 공통적인 수단으로 마이크로소프트사의 엑셀과 공학 전문 소프트웨어인 Matlab을 이용하였다. 또한 보고서 작성법과 프로젝트 진행에 대한 것은 개인별 순서를 정하여 발표하게 함으로 전체가 팀워크를 이룰 수 있게 하였다.

(1) 개별 학습 프로젝트

첫 번째 과제는 재고에 대한 기초 이해를 바탕으로 최근에 주목을 얻고 있는 Supply Chain Management에 대한 간단한 소개로 이루어졌다. 이것은 공학 디자인의 개념은 어떤 특정한 제품을 설계하는 것만을 뜻하는 것이 아니라 제품을 생산하고 운송하는 시스템 또한 디자인해야 한다는 개념을 알리기 위해서 준비되었다. 즉 일반적으로 쉽게 파악할 수 있는 디자인의 주요 개념, 예를 들어 새로운 다리를 건설하기 위하여 주어진 상황에 가장 적합한 다리 건설의 주요 인자들을 계산하고 simulation을 통해 이를 예측해보는 것도 디자인의 한 영역이고, 새롭게 눈에 보이는 제품을 생산해내는 것도 디자인의 또 다른 영역이라 할 수 있다. 여기에는 제품을 얼마나 생산하고 생산된 제품을 어느 곳의 수요가 있는 곳에 판매를 위해 중간에 저장할 수 있는 보관 창고를 이용하며 판매하는 것이 가장 큰 이익을 만들 수 있는 것인가에 대한 계산 또한 디자인이라고 할 수 있다. 즉 공학 교육의 3단계인 개념을 이해하고 그 개념을 수치적으로 표현한 공식들을 접하고 이를 실제 소프트웨어에서 실행해 보는 것이다.

(2) 제작 프로젝트 : 자가 이동 로봇 제작

두 번째 과제는 전체 공통 프로젝트로 자가 이동 로봇을 제작하는 것이다. 이것은 이미 각 부속품들이 KIT 형태로 모두 준비되고 학생들은 로봇을 조립하고 외형을 디자인하며 운전 소프트웨어를 코딩하여 디자인하는 것으로 구성되어 있다. 이 프로젝트는 physical, mechanical, software design에 대한 경험을 동시에 수행할 수 있는 좋은 과정이다. 5인 1조로 구성된 팀 활동을 통하여 그룹 활동에 대한 경험을 해 보고 앞으로의 공학 전문 교육에 대한 경험을 해볼 수 있다. 여기서 기본 기능은 KIT로 구성되어 있는 그대로 사용하지만 기본 로직에 대한 부분은 프로그래밍을 통해 프로그래밍을 실습할 수 있다. 물론 사용되는 컴퓨터 언어인 베이직에 대한 사전준비를 위해 강사와 조교는 철저한 준비를 한다. 외형은 각 팀별로 자체 디자인하고 결정하여 차별화할 수 있게 하였다. 물론 그 외형 디자인에 대한 평가 또한 실시되었다. 그리고 기본 설계, 조작, 외형 디자인의 과정을 거친 후에는 실제 모형 거리를 만들어 놓고 자동으로 시작점에서 종료점까지 걸리는 시간을 측정하여 평가에 반영할 수 있도록 하였다.

9.3.3 교육 과정 관리

대다수의 미국 대학은 통합 전산 관리 시스템으로 수업관리를 하고 있다. 그 시스템은 각 세부 과목의 수업 관리를 위한 시스템을 말한다. 이 시스템의 주요특징으로는 전 과목에 대하여 네트워크상에 독립적 공간이 마련되어 있고, 지도 교수는 그 곳을 이용하여 수업과 관련된 자료들을 그 수업에 관계된 해당 학생들에게 선택적으로 정보를 제공할 수 있다. 한편 과제물 공고, 채점을 하여 그 결과들을 알려주고 학생들은 수업 중의 의문사항을 올리거나 상호 그룹별로 협조를 할 수 있는 공간으로도 이용된다.

물론 교수와 학생간의 연락이 보드를 통해 가능하고 개개인끼리의 연락 또한 이메일을 이용할 수 있다. 각각의 세부 과제 및 시험 성적은 또한 자동으로 통계 처리되어 해당 학생에게만 알려줄 수 있다. 해당 학기의 기간이 지난 후에 한 학기 동안의 내용은 따로 보관되어 접속이 가능하다.

각각의 과목마다 교수가 개별적으로 인터넷 상의공간을 마련하여 그 곳을 통하여 교과 과정의 수업 자료를 공개하는 경우는 흔하지만 공식적으로 대학 당국에서 마련한 이러한 시스템을 이용함으로 보다 안정적이며 지속적이고 통합적으로 수업을 관리할 수 있다. 물론 여기서 중요한 것은 이런 도구들을 어떻게 유익하게 사용하느냐에 달려 있다. 즉 이러한 도구가 일회성으로 사용되고 연속적으로 synergy effect를 볼 수 있느냐가 관건이다. 물론 연속적인 사용의 여부는 교수의 수업 진행 방식에 달려 있지만 교수의 수업 진행을 돕기 위한 기반을 제시하는 이 시스템의 의미는 상당하다고 할 수 있다. 인터넷의 보급으로 인해 학교를 통한 공식적 소규모 활동 공간을 네트워크상에 제공하며 전체적 과제 추진 상황을 같이 동시에 관리해 주는 서비스에 대한 제공은 편리한 사용을 가능하게 해준다.

9.3.4 평가

평가는 교과 과정을 적절하게 이해하였는지를 파악하기 위한 것으로 교육의 단계 중에서 매우 중요하다. 한 학기가 지난 후 과목 수행에 대한 학생들의 성적을 채점하여 보고 학생들에 대한 본 과목에 대한 평가를 온라인을 통해 받게 된다. 이를 통해 알 수 있는 것은 다음과 같다.

첫 째, 가장 두드러진 특성은 다양한 성취도를 가진 학생들이 분포되어 있다는 것이다. 즉 일부 학생의 성취도는 매우 높은 반면 기본적 이해력을 갖추지 못한 학생들도 간혹 있다는 것이다. 이것은 교육 초점을 맞추는데 전체 수업 과정상에서 계속적인 어려움으로 주목되어 왔다. 하지만 대학 신입생들에게 실시되는 이 교과 과정의 결과를 통해 향후 진행될 본격적인 공학 교육에 대한 학생들의 학습 능력 정보를 제공해 준다는 측면에서 그 역할을 다하였다고 판단된다. 한편 그것은 주립대학교의 성격상 그 주에 거주하는 다양한 학습 능력을 가지고 있는 학생들을 수용함으로 나타나는 결과이므로 대학 교육 과정에서 학습 능력이 떨어지는 학생 군들의 능력 향상을 이루는 것이 대학 당국의 역할이라고 지적할 수 있다.

둘 째, 학습 내용 보다는 성적에 대한 걱정 및 관심이 매우 크다는 것을 알 수가 있다. 미국 학생들 또한 한국 학생과 같이 교과 내용 보다는 성적에 대해 더 민감하게 반응한다. 여기서 교과 지도의 주안점은 일상 교과 과정에서 학습 내용 향상에 학생들의 관심을 지속적으로 이끌 수 있도록 하는 방법들에 대한 고민을 할 필요가 있다는 것이다.

9.4 교훈

위에서 제시한 사례를 통해 바람직한 공학 교육에 대한 몇 가지 의견을 제시하고자 한다. 우선 피교육자들의 신입생 교육은 신입생들의 수준차이를 직접적으로 접할 수 있는 아주 중요한 기회이다. 신입생들의 학업 성취도나 개인별 호기심에 대한 결과를 통해 이들의 대학 생활 전체가 영향을 받게 된다. 따라서 이 수준 차이를 어떻게 현실적으로 처리하는 것이 이들에게 향후 계속적인 발전을 유도할 수 있도록 도와주는 계기가 될 것이다. 두 번째로 단체 의식, 팀워크를 향상 시킬 수 있는 방안이 강구되어야 한다. 개인별 역량 향상도 중요한 것이지만 앞으로 사회생활에서 갖추어야 할 단체 의식에 대한 실습할 수 있는 여건을 제시해 주어야 한다. 무조건 팀을 만들어놓고 팀 전체에 대해 평가를 하는 것이 팀워크를 높이는 방법이라 할 수는 없다. 팀 내 개인별 역할에 대해 서로 평가를 냉정하게 내릴 수 있게 하고 그 평가를 무기명으로 강사에게 알릴 수 있는 의사소통 통로를 준비하는 것과 같은 보완책을 만들어 주고 강의 마지막 단계에서 이론 이해에 대한 개인별 시험과 같은 평가를 준비하는 것이 정확한 평가를 하는데 도움을 준다.

이러한 교육들에서 한국의 대학교육에 응용할 수 있는 것들로 다음을 지적할 수 있겠다. 우선 전체 시스템의 체계적 구성이다. 단순한 portal을 만들어 하나로 묶어놓는 것이 아니라 개별 시스템이 전체적으로 상호 융합적인 관계로 혼합시켜야 할 것이다. 두 번째로 신입생 교육에서 개별 세부 연구 분야로 어떻게 연관성을 갖게 하면서 동기를 부여하고 계속적으로 학문에 대한 관심을 유발할 수 있는지에 대한 고민이 필요하다. 화학공학의 경우에는 기존 전통적 기반이 되는 기초 과목들(예를 들어 화공 양론, 열역학, 반응공학, 물질 전달, 공정 제어)이 있고 새로운 시대 변환에 따라 필요성과 관심이 증대되는 과목들(예를 들어 생물 화공, 바이오 인포매틱스)도 있다. 한편으로 기존 학문들을 새로이 다른 학문 분야들과 연관하여 통합되어 새롭게 정립되는 영역에 대한 소개 또한 필요하다.

9.5 결론

대학 교육의 목적 중에서 중요한 항목으로 두 가지를 말한다면 첫 번째는 고등 교육으로서 인격의 향상을 위한 기초 소양 교육 및 교양 교육이요, 두 번째로 학생들에게 다음 단계인 사회생활에서 필요로 하는 개별 전공 분야에 대한 교육을 하는 것이다. 여기서 사회생활이라 함은 직접적으로 기업행위에서의 제반활동, 즉 기업에서 필요로 하는 영역에 대해 미리 준비하는 과정이라고 할 것이다. 창업, 취업 등 수없이 다양한 형태 및 양식을 가지고 있는 기업 활동을 위해 기본적으로 알아야 할 지식과 지식 습득 방법론에 대한 교육이 필요한 것이다.

그 기초 원리를 충실하게 전달하며 다양한 학문 분야를 다룰 수 있느냐는 오늘의 대학 교육이 안고 있는 큰 과제이다. 물론 이것은 대학 자체만의 임무라기보다는 사회 전체가 여기에 큰 관심을 가지고 초·중등교육에서 이를 감안한 교육 체제를 갖추고 직업 교육에서도 이를 뒷받침 해주어야 한다.

오늘 많은 공대 졸업생들이 입학한 뒤에 혹은 졸업하고 난 뒤에 의대, 치대, 한의대 등으로 진로를 바꾸고 공과대학의 사회적 인식이 많이 낙후되었다는 것이 중론이다.

대학 교육, 그 중에서도 공학 교육은 오늘의 한국을 근대화로 이끈 기반이 되어 왔다. 어제의 발전을 이끌어 온데 방심하지 않고 내일의 발전으로 이어지기 위해서는, 공학 교육의 중요성을 지속적으로 인식시키고 사회에서 관심을 계속 얻을 수 있도록 해야 한다. 많은 노력이 필요할 것이며, 대학 입학에서부터 적절한 교육을 통해 학생들에게 공학 분야에 대한 이해를 높이고 학습력을 증대한다면 공학 인력의 사회 기여도는 커지고 사회에서 다시 좋은 평가를 받을 수 있을 것이라고 생각된다.

Chapter | 10

공학 교육의 혁신 방안

10.1 공학인증

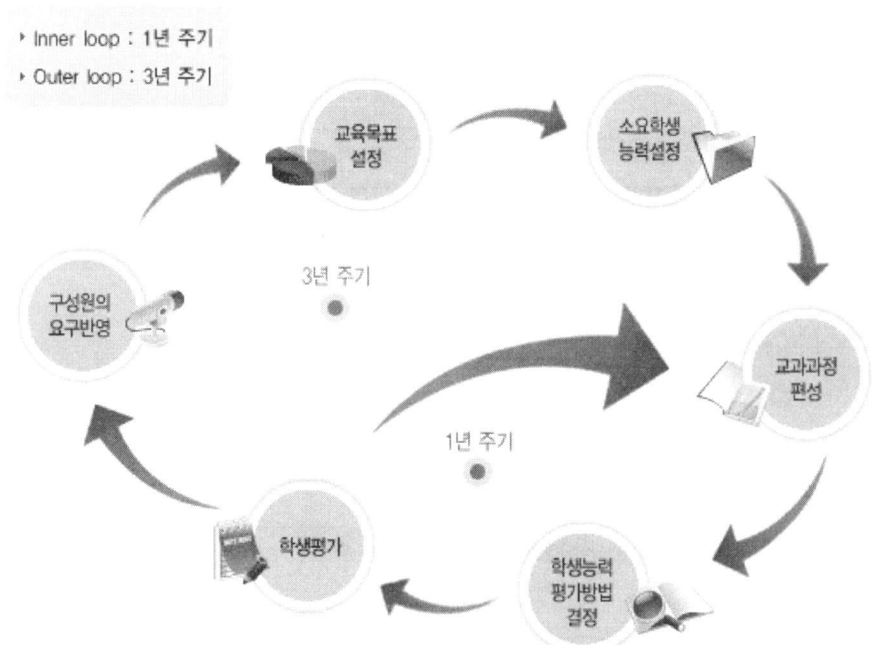

그림 10.1 순환적 자율 개선형 공학 교육 모델

순환적 자율 개선형 교육 모델은 구성원의 요구사항을 반영하여 교육 목표를 설정하고 이를 바탕으로 학습 성과 및 교과 과정을 편성하고 이를 시행한 연후에 그 결과를 분석 평가하여 작게는 교과 과정의 반영으로 개선하고, 크게는 구성원의 요구를 반영한 연후에 교육 목표를 개선하는 과정을 말하며, 분석 평가한 결과가 피드백되어 프로그램의 각 요소, 과정 및 절차들을 개선, 발전시키는 것을 중요한 결과물로 보여 줄 것이다. 교과 과정을 개선하는 작은 루프는 1년 단위로 시행하며, 교육 목표를 개선하는 큰 루프는 주기를 3년 단위로 시행하는 것을 원칙으로 하였다. 또한 학습 성과의 전체적인 평가 주기 역시 3년을 평가의 기본 단위화 하였다.

10.1.1 대학교(공과대학)

공학인증을 위한 학교의 업무진행을 간략히 정리해 보면 다음과 같다.

① 공학인증에 부합되는 프로그램을 개실한다.
② 프로그램을 운영한다.
③ 공인원에 공학인증을 요청한다.
④ 공인원에 인증을 받는다. 혹은 반려되어 재인증을 받는다.

(1) 공학인증에 부합되는 프로그램을 개설한다.

공학인증은 운영되고 있는 프로그램을 인증해 준다. 따라서 인증을 받기 위해서는 학교에서 공학인증에 대한 제도적인 준비와 해당 프로그램을 개설하여 실제 운영한 후에 공인원에 학교의 공학인증 운영과 운영한 자료들을 제시하여 공학인증에 부합되는지 승인을 받게 되어있다. 현재 2년 정도의 자료를 공인원에서 요구하기 때문에 만약 해당 학교가 2006년도 신입생부터 공학인증을 받고 싶다면,

① 2006년도 : 공학인증 프로그램을 개설하여 운영시작(2006학번)
② 2007년도 : 공학인증 프로그램 운영(2006학번, 2007학번)
③ 2008년도 : 2006년도와 2007년도의 자료와 같이 공학인증 신청 및 승인

해당 프로그램이 승인을 받게 되면 2006년도 대상자부터 소급해서 적용을 받게 되는 것이다.

(2) 프로그램을 운영한다.

공학인증제도는 제도이다. 공학인증 프로그램을 개설하고 공인원에서 제시하는 기준과 지침을 충족할 수 있는 프로그램을 운영하여야 한다. 계속적인 개선 활동, 주기적인 학생에 대한 학업, 활동에 대한 교육 및 평가, 공학적인 교육과정 편성 및 개선 등을 운영해야 하고, 운영시 발생되는 자료를 기반으로 프로그램을 개선시켜 나가야

되며, 효과적인 운영을 위해 전산시스템이 구비되는 것도 현재 필요한 실정이다. 효과적인 공학도 양성과 지속적인 관리 및 개선 방안 모색이 공학인증 프로그램의 주된 운영 목적이라고 생각된다.

(3) 공인원에 공학인증을 요청한다.

운영하고 있는 프로그램을 공인원에 공학인증평가 신청을 하게 된다. 해당하는 프로그램과 프로그램을 개설 후 과정을 이수하여 대상이 되는 학년을 표기하여(1, 2학년) 신청을 하게 된다. 앞에서 얘기했듯이 운영 중인 프로그램이 인증조건에 부합이 되는지 확인한다고 생각되면 실행하면 된다. 공인원에 신청시 필요한 사항과 신청양식은 공인원 홈페이지에 설명되어 있다. 신청을 받는 기간이 정해져 있고 신청양식 및 제출해야 되는 자료도 안내되어 있다.

(4) 공인원에 인증을 받는다. 혹은 반려되어 재인증을 받는다.

학교에서 해당 프로그램에 대한 인증을 요청하면 공인원에서는 평가를 하게 된다. 먼저 학교에서 제출한 자료(신청서, 자체보고서, 실행수준평가서)를 검토하여 해당 학교에 평가단이 직접 현지방문 평가를 하게 된다. 평가 및 논평을 통해 해당 프로그램에 대한 인증여부를 결정하여 통보하게 되어 있다. 인증은 해당 프로그램의 상황에 따라 년 수의 차이는 있지만, 그것이 인증의 질적 차이를 결정하지는 않는다. 단지 적은 년 수의 인증은 보다 많은 보완을 요구한다고 생각하면 될 거 같다. 인증의 결과에 대한 의견서를 제출하여 추후 처리를 하는 절차가 있고, 아래는 공인원에 나와 있는 인증 후 관리에 대한 내용이다.

① 평가결과와 인증판정 처리

평가단장은 현지평가에 대한 평가위원들의 평가서를 종합하여 논평서를 인증사업단장에 제출한다. 이때 교육기관이 작성한 자체평가서와 평가위원들이 방문평가시 작성한 평가서와 원본을 첨부한다. 또한 교육단과 교환한 의견에 대한 자료도 첨부한다. 인증사업단장은 평가단장이 제출한 논평서와 평가서 및 기타 첨부 자료들을 토대로 인증 판정을 내린다. ABEEK는 이 인증 결과를 교육단장에게 통지한다. 이 통지에는 인증판정과 이에 대한 배경 설명과 향후 개선을 위한 제안 등을 포함시킨다.

② 재심처리 및 인증확정 과정

교육단장은 ABEEK로부터 통지받은 인증 결과에 대해서 의견서를 제출한다.

이 의견서에는 인증 결과에 동의하거나 또는 동의하지 않는다는 의견 등을 제시할 수 있다. ABEEK는 교육단장의 의견을 검토하고 인증 판정을 최종 확정하고, 확정된 인증 결과를 교육단장에게 통지한다.

③ 인증결과 관리

평가인증이 끝난 후에는 평가 과정에서 발생한 각종 문서를 정리하고 관리체계를 세워 보관한다. 이러한 문서의 열람에 관해서는 인증규정에 정한 바를 따르도록 하고, 또 평가에 참여한 평가위원과 평가단장은 평가 과정에서 취득한 교육기관 및 프로그램 관련 정보를 공인원에 제출하는 이외에는 어떠한 다른 목적으로도 사용하지 않도록 한다.

④ 인증의 객관성 보장

인증사업단장은 평가서와 논평서를 토대로 평가단 간의 차이와 과거 인증평가 사례들과의 차이를 비교 검토하여 인증판정을 내림으로써 객관성을 도모한다. 또 인증대상기관이 평가위원 선정시 참여하고 평가 후 평가단을 평가하도록 하는 등의 방법들을 도입하여, 상호 협의 및 평가에 따라 평가결과가 나오도록 하면 객관성 유지에 도움이 될 것이다.

10.1.2 학생

공학인증은 공학인증 프로그램을 이수한 학생에게 인증을 주는 제도이다. 따라서 본인 소속되어 있는 학과에 인증프로그램이 개설되어 있어야 되며, 그 프로그램을 이수해야만 인증을 받을 수 있다.

〈 인증이 불가한 경우 〉

① 개인은 공인원에 신청하여 인증을 받을 수 없다.

② 소속된 학교의 학과에 공학인증 프로그램이 개설되어 있지 않다면 인증을 받을 수 없다.

③ 프로그램이 개설되어 있어도 인증대상이 아닐 수 있다(2006년도부터 프로그램이 개설되었다면 이전 학번 학생들은 대상에서 제외).

④ 현재 4년제 공과대학이 아닌 경우는 인증대상에서 제외되어 있다.

〈현재 학교에 따라 다른 경우〉

① 편입생도 인증이 불가능한 경우가 있다. → 제도적으로는 수용하도록 되어 있다.

② 복학생인 경우 인증이 불가능한 경우가 있다. → 제도적으로는 수용하도록 되어 있다.

③ 야간학생인 경우 인증이 불가능한 경우가 있다.

표 10.1 공인원에서 제시하는 인증의 조건(KEC2005 기준)

인증구분	요구 학점
공학기본소양(전문교양)	18학점 이상
MSC	30학점 이상
공학실무	60학점 이상
(설계)	(18학점 이상)
계	108학점 이상

* 해당하는 프로그램의 교과목에는 인증구분 형태로 교과목을 분류하며, 공학기본소양, MSC, 공학실무(설계 포함)로 나누어지면 해당하는 구분들은 최소로 요구하는 학점이 있다.

10.2 공학 교육혁신과 인증제도간의 관계

① 교수의 교육에 대한 의식 변화

② 교수법, 교육 내용 등의 교육 관련 contents의 변화

③ 교육기관(학교)의 교육에 대한 인식 변화
→ 제도를 통한 항구적이고 지속적인 변화가 필요하다.

10.3 Washington Accord

① 미국, 일본, 영국, 캐나다, 호주, 아일랜드, 홍콩, 남아공화국, 뉴질랜드가 회원인 공과 대학 졸업생의 "실질적 동등성"을 보장하기 위한 다자간 협의체

② 회원국의 인증기구가 인증한 졸업생은 회원국 모두에서 사회적, 법률적 등가성을 상호 보장한다.

③ 독일, 싱가포르, 말레이시아, 대만과 함께 우리나라가 "준 회원국"이며, 회원 승격을 기다린다.

④ 현재 유럽 전체와 러시아, 중국, 멕시코 등 많은 나라가 가입을 원하며, 공학 교육의 국제 표준이라 할 수 있다.

⑤ 엔지니어의 자격체제와 연계되며, 기술자 교류의 핵심 기준으로 확대되고 있다.

10.4 공학 교육 인증제

① 공학 교육의 품질보증(quality assurance)제 : (공학 교육의 ISO 9000 또는 6시그마)

② 인증 받은 프로그램의 졸업생이 국제 기준에 맞는 엔지니어가 될 수 있는 입문단계(entry level)에 도달했음을 보장하는 체제

③ 학생에겐 교육 강화와 여러 능력 성취를 요구

④ 교육 프로그램(즉 학교)과 교수들에게 많은 물질적, 심적 부담을 안겨주는 제도

10.4.1 공학 교육 인증제가 요구하는 교육

(1) 무엇을 가르쳤나? → 무엇을 할 줄 아나?

(2) 수요(학생, 산업체) 지향(demand-driven) 교육

(3) 성과중심교육(Outcomes Based Education)

- 교육의 quality Assurance
- Continuous quality improvement

(4) 교육 내용(contents)의 혁신, 교수법의 혁신

- 설계(design), 실험 실습 교육 강화
- 산업체 연계 교육

- 인턴쉽 등 도입
- 기본 교육 강화(팀워크, 의사소통, 윤리, 리더쉽 등)

10.4.2 공학 교육 인증제를 하는 이유

〈대내외 상황 변화〉

- 이공계 기피
- 공대 신입생의 학력 저하
- 공대 졸업생의 취업 및 진로 변화
- 산업체(수요자)의 교육에 대한 불만 증대
- 국제화(공학 부문이 선도)에 대한 요구
  → 공학 교육 혁신(교육 개선)

10.4.3 공학 교육 혁신을 위한 조건

(1) 교수의 교육에 관심 유도

연구비 수혜(과제)와 업적 평가에 기여

(2) 학교의 관심 유도

정부 지원 과제에서의 혜택, 인증학생에 대한 차별적 지원

(3) 교육 내용(contents)의 개발

공학 교육연구센터를 통한 종합적인 지원 필요

(4) 교수법의 개발

공학 교육연구센터를 통한 종합적인 지원 필요

(5) 산업체 및 공학커뮤니티의 교육에의 기여

10.4.4 공학 교육의 Global Standard

(1) 인증의 성숙 : 공학 교육 인증제의 성숙

- 한국공학교육인증원의 성숙

• 인증제도의 성숙
• 인증활동의 성숙

(2) 공학 교육의 세계 수준화 : 우리나라 공학 교육의 내실화

• 우리나라 공학 교육의 혁신 국제 수준과의 등가성
• 우리나라 공학 커뮤니티의 변화

10.4.5 한국 공학 교육 인증원의 할 일

(1) 인증기준 보강

• 한국형 인증기준(KEC2005) 정비
• 대학원 인증기준 구축
• TAC, ASAC 인증기준 구축

(2) 인증활동 강화

• 평가자 수, 질 증대
• 평가절차의 정당성, 공정성 강화
• 인증 설명 등 홍보 활동 강화

(3) 인증기구로서의 위상 강화

• 회원 증대
• 정책, 홍보, 국제 교류 기능 강화
• 기구 개편 및 확대
• 전문 직원 채용을 통한 영속성 강화

(4) 인증의 성숙

① 인증기구로서의 한국공학교육인증원의 성숙

• 인증기구의 권위 확대
• 조직, 기구 정비, 기능 확대
• 재정 자립
• 홍보 활동 강화

② 인증제도의 성숙

- 인증기준 정비

③ 인증활동의 성숙

- 평가자의 수, 질 증대
- 평가자(평가단장) 교육 철저
- 인증절차의 성숙

(5) 인증 기준 보강

① 대학원 인증기준 구축

- 석사 이상의 고급인력에 대한 수요 증대
- 이공계 고급 일자리 구축(사회 양극화 해소)
- 소득 2만불 시대

② TAC(전문대학 인증기준) 구축

- 100여 개에 이르는 전문대학의 질 향상
- 테크니션(산업 중추 인력)에 대한 질 향상 및 국제화에 대비
- 공학계(실업계) 고등학교 졸업생의 연계 교육까지 포함하여 고려

10.4.6 공학 교육 기관의 할 일

(1) 교육 강화

- 전공 교육(특히, 설계 교육) 강화
- 기본소양 교육에 대항 이해 및 강화
- 수학 및 기초과학 교육 강화
- 산업체 연계 교육 강화 : 수요자 중심 교육 구축

(2) 교수 의식 변화

- 교육 중요성 인식
- 교수법 및 교육 내용 개선에 대한 연구개발
- 인증기준에 대한 이해 증진

(3) 교육기관 의식 변화

- 교육에 대한 중요성 인식 : 교수 업적 평가 등에 반영
- 자율 순환형 교육 구조 구축
- 학교 발전기금 증대와의 연관성 인식

(4) 시설 및 재원 확대

10.4.7 산업체와 전문학회가 할 일

(1) 공학 교육 현장에 직접 참여함으로서 공학 교육 혁신 유도

- 주요 신입사원 공급 학교의 교육 프로그램의 교육과정 수립에 적극적인 참여
- 관련 교육 프로그램의 교육과정 혁신에 참여

(2) 공학교육인증원에 참여

- 공인원 위상 강화
- 공인원의 관리 감독

(3) 인증활동에 참여

- 인증 평가자로 참여
- 인증 관련 workshop 등에 참여하여 의견 개진 및 공감대 형성

(4) 인증제도 후원

- 인증 교육기관 및 학생에 대한 차별적 혜택 부여

Chapter | 11

아카데미식 토론수업의 교육적 효과

11.1 문제 제기

최근 들어 우리 사회 곳곳마다 다양한 토로의 장이 마련되고 좀 더 원숙한 토론 문화를 정착시키려고 애쓰는 모습들이 많이 보인다. 미디어와 같은 매체, 인터넷 그리고 초, 중등, 대학교육의 현장에서도 단순한 교육계의 유행이 아니라 현대사회의 변화된 시대적 요구와 맞물려 새로운 교육지침으로써 토론교육의 필요성이 대두되었기 때문이다. 현대사회는 정보혁명에 의한 정보사회로 규정된다. 정보는 컴퓨터와 미디어의 발전과 그 융합에 의해 언제나 새롭고 다양한 방식의 지식으로 산출되며, 이렇게 산출된 지식들이 서로 결합하여 끊임없이 다양한 형태의 문화 현상을 만들어낸다. 그러므로 이러한 정보사회에서는 수많은 정보와 지식들 중에서 올바른 정보를 판단하고 여러 정보들을 서로 결합하여 창의적으로 구성하는 일이 중요하다. 따라서 정보 - 지식사회의 일원으로서의 대학의 학습자들은 수많은 정보 속에서 여러 정보들을 비판적으로 분석하고 종합할 수 있는 능력과 문제해결능력, 그리고 창의적 구성력을 기초능력으로서 지녀야 할 것이다. 그렇다면 커뮤니케이션 영역에서 토론의 주요 역할은 무엇이며 토론은 통해 무엇을 얻고자 하는가에 대해 생각해 볼 필요가 있다.

우리가 사는 현대 사회는 개인 혼자만이 혼자 심사숙고하여 결정하며 해결해 나갈 수 없는 서로 다른 가치관과 질서가 어우러져 공존하는 다원적 세계를 구성하고 있다. 이러한 사회에서 자연적으로 발생하는 갈등과 대립은 합리적인 대화와 타협, 그리고 정책적 선택을 통해 조정될 수 있을 것이다. 이러한 갈등과 대립을 해소하고 문제를 해결할 수 있는 합리적 수단이 바로 토론이다. 사회의 주요 현안들은 다양한 형태의 토론을 통해 해결책을 찾고 여러 계층 간의 서로 다른 이해관계나 갈등을 조정하여 합의에 도달하게 된다.

토론이라는 커뮤니케이션은 아주 넓은 의미에서 어떤 문제나 쟁점에 대한 논증을 통한 대화 혹은 논증을 통해서 어떤 논제에 대해 분별력 있는 판단에 도달하는 과정으로 정의할 수 있다. 어떠한 형태의 갈등이든 갈등상황을 해결하자면 당사자들이 모여 감정적으로 대응하기 보다는 합리적인 대화를 통해, 다시 말해 주장과 그 근거를 제시하는 합리적인 논증을 해야만 한다. 이 때 논증의 기능은 기본적으로 설득을 뜻한다. 상대방을 설득한다는 의미는 어떤 일정한 견해를 공유하게 됨을, 그리고 어떤 해결책을 함께 찾고자 함을 말한다. 논증을 통한 대화인 토론은 두 가지의 설득적 차원을 갖게 된다. 우선 첫 번째는 다른 견해를 받아들여 기존의 신념체계나 가치체계가 변화하는 설득이며 두 번째는 기존의 신념과 가치체계의 변화는 없지만 상대방의 주장과 근거를 이해함으로써 상대의 생각을 존중해주는 상호이해의 단계이다. 토론을 통해 이 두 가지 설득의 차원이 펼쳐진다.

그런데, 토론의 이와 같은 필요성과 주요 기능에도 불구하고 아직 우리 사회에서는 이성적이고 합리적인 의사소통이 제대로 행해지고 있는 것 같지는 않다. 주요 원인으로는 현재까지 지속되어 온 우리의 척박한 토론문화와 더불어 숙련되지 못한 의사소통기술의 부족을 들 수 있다. 현대 사회가 요구하고 있는 커뮤니케이션 능력은 단순한 화술이나 웅변 수준에 머무르는 것이 아니라 덕망과 함께 체계적이며 창의적인 교육을 통해 얻어질 것이다.

토론의 활성화를 위해 최근 국내 대학에서는 그 어느 때 보다 토론 교육에 관심을 갖고 그 중요성과 필요성을 역설하고 있다. 토론을 교양기초, 즉 문제를 해결해 나가기 위한 의사소통 능력의 토대 중 하나로 간주하고 있다. 그러나 실해의 측면에서 토론교육이 아직은 특정한 과 위주로 특정한 과의 전공과목에 편중되어 있고 전체 학부 학생을 대상으로 교양과정에 개설된 경우는 불과 몇몇 대학에 불과하다. 다시 말해 거의 대부분의 대학은 전공에 앞선, 기본적인 의사소통 능력 함양을 위한 총체적 교과목으로서, 말 그대로 기본교양으로 토론수업에 대해서는 인지도가 아직 낮은 편이다. 따라서 토론에 대한 심화된 논의와 이론, 그리고 체계적인 토론수업의 운영사례를 거의 찾을 수 없다. 교육적 측면에서 토론수업에 대한 보다 효율적이고 잘 구조화된 교육모델을 구축하는 것이 시급하다고 할 수 있다.

대학 토론교육에 관한 문헌연구나 이론연구 역시 초보단계이다. '토론'으로 검색하여 찾은 논문은 석·박사 학위논문이 총 25편, 커뮤니케이션학을 중심으로 한 토론에 관한 논문이 현재 약 10여 편 정도이며 기타 교육학과 철학 쪽의 토론교육에 관한 논문은 극히 적어 2~3편에 불과하다. 발표된 논문의 내용도 글쓰기와 여러 형태로 적용

가능한 중고교 토론수업이 대다수이며 인터넷과 TV 토론이 7편을 차지하고 대학에서의 토론교육을 다룬 논문은 불과 5편 정도였다. 대학의 토론교육에 대한 기존의 논문들 역시 분석틀의 정교함과 다양성을 결여하고 있으며 수업사례를 통한 실질적 자료를 충분히 제공하지 못하고 있다.

이에 본 연구에서는 바람직하고 효율적인 토론교육 개발의 기초 단계로써 현재 특정한 대학에서 교양과정의 일환으로 시행되고 있는 아카데미식 토론수업이 학습자들에게 교육적 효과가 있었는지 고찰하고자 한다. 달리 말해 토론의 교육적 목적의 실제 토론수업을 통해 얼마나 달성이 되는가를 알아보고자 한다. 아울러, 토론수업 내용에 대한 평가와 토론수업의 효과간의 상관관계를 살펴봄으로써 구체적인 토론수업 내용에 대한 평가도 해보고자 한다.

11.2 이론적 논의

11.2.1 아카데미식 토론수업의 교육적 기대효과

토론수업의 목적은 토론능력의 배양이다. 원활한 토론이 이루어지기 위해서는 우선 학습자들에게 적절한 토론의 형식과 절차, 방법 등을 주지시킨 후 실습에 들어가야 한다. 본 연구는 대학에서 실행되고 있는 여러 토론의 형식 중에서 아카데미식 토론, 즉 상호 질문형태(CEDA방식, Cross Examination Debate Association)를 선택하여 이 방식의 교육적 효과들을 중점적으로 분석하고자 한다.

일반적으로 아카데미식 토론은 크게 4가지 의사소통 능력의 함양에 도움이 된다고 할 수 있다.

첫 째, 합의된 원칙과 절차를 준수하고 결과에 승복하는 민주 시민의 기본 소양을 키울 수 있다. 아카데미식 토론은 토의와 달리 논제에 대해 찬성과 반대로 나눠 미리 정해진 순서와 시간의 원칙을 지키며 각각 입론, 교차질의, 반박을 행하게 된다. 찬, 반 각 팀마다 공정한 의사개진의 기회가 제공되며 절차와 형식이 엄정하다. 따라서 토론자들은 토론에 임하기 전에 이러한 절차와 형식에 우선적으로 합의해야 하며 승패에 상관없이 결과에 승복해야 한다. 이를 통해 토론자들은 규칙을 준수하는 준법정신과 이에 따른 결과를 수용하는 책임의식을 키울 수 있다. 토론이 끝난 후 승패를 결정하는데 이는 단순한 게임의 승리와 실패 개념을 떠나 토론 참여 학습자들의 전체 평가에 따라 논리적으로 어느 편의 논거들을 합당한 것으로 인정하는가를 결정하는 것이다. 승패의 결정은 어느 한 편으로 설득되었음을 뜻하는 것이며 그 결과 동의함을 의미한다. 따라서 매번의 토론마다 합의에 이르는 과정과 합의를 준수하는 과정을 학습함으로써 우리 사회 공동체 내에서 이루어질 합의에 대한 기본적인 윤리적 태도를 함양할 수 있다.

둘 째, 아카데미식 토론은 자신의 관점과 논리를 합리적으로 제시하고 상대방의 의견을 반박할 수 있는 비판적 사고력을 신장시킬 수 있다. 이제 더 이상 목소리가 큰 사람이, 청산유수같이 말하는 사람이, 달변이 설득력 있는 것으로 간주되는 시대가 아니다. 토론은 일방적인 주장이 아닌 상호적인 의사소통 과정이다. 따라서 상대방의 말을 경청하는 것이 필수적이며 주장을 할 때도 상대방의 주장이나 반박과 연계하여 체계적으로 펼쳐야 한다. 아카데미식 토론을 통해 구체적으로 어떠한 비판적 사고력이 증대될 수 있는가 알아보자.

① 아카데미식 토론은 주어진 논제에 관한 자료조사와 자료정리 능력을 함양하게 해준다. 필요한 자료를 수집하고 조직함에 따라 자료의 정보 분석력과 종합력을 기를 수 있다. 실제로 아카데미식 토론에서 사용되는 주요 자료는 사실적 자료(통계, 언론보도, 전문가인용 등)와 이론적 자료들이며 이러한 자료들의 수집과 구성이 토론의 승패를 결정짓는 주요 원인 중 하나이기도 하다. 아카데미식 토론은 자료 분석과 종합에 많은 시간을 할애할 것을 요구하며 어떠한 자료를 찾고 사용할 것인지가 토론전략의 핵심을 차지한다.

② 아카데미식 토론에서는 입론이 차지하는 부분이 다른 토론의 형식보다 비중이 큰 편이다. 다시 말해 입론은 각 주장의 핵심쟁점들을 구체적으로 알려주는 논증제시이다. 입론에서 논의가 되는 문제들을 분석하고 종합하며 그 결과로 비판의 근거들을 찾아낼 수 있다. 학습자들은 입론의 전개에서 문제를 설정하고 주조화하며 해결의 실마리를 마련한다. 그러한 의미에서 상당한 입론의 비중은 학습자로 하여금 문제를 다각도에서 심층적으로 잘 분석하고 종합할 수 있게 해준다고 할 수 있다.

③ 아카데미식 토론은 학습자들의 논제에 대한 관점과 이해를 넓힐 수 있는 기회를 제공한다. 이 토론은 자신의 신념이나 가치를 특정 논제에 찬성하거나 혹은 반대함으로써 드러내는 것이 목적이 아니다. 오히려 자신의 신념, 가치와 무관하게 어떤 논제든지 양쪽을 균형있게 다룰 수 있다는 능력을 보여주는 것이 관건이다.

한마디로 아카데미식 토론을 통해 다각적 사고를 기를 수 있다. 자신의 신념과 다른 관점이나 가치관을 심도 있게 여러 방향에서 다루어봄으로써 모든 논제에 내재된 장점과 단점을 모두 파악할 수 있고 여러 관점과 가치를 알게 된다. 이를 통해 여러 가치나 신념을 대하는 개방적인 태도가 자연스럽게 키워질 수 있다.

세 번째로 아카데미식 토론은 창의적 문제해결력을 집중 훈련할 수 있다. 아카데미식 토론은 시사성이 높은 논제를 다루기 때문에 학습자들이 문제해결에 적극성을 보이며, 또한 창의적으로 문제를 해결해나가도록 유도할 수 있다. 실생활에서 부딪치고 해결해야 할 문제를 대상으로 학습자들은 모두 협동의 작업을 통해 해결해야 할 문제를 인식하고 스스로 문제를 규정하고 해결해나가는 과정을 배운다. 토론은 문제를 조직하고 논거를 찾아 주장을 전개, 제시하며 반박을 통해 설명, 옹호하며 승패에 따라 행동으로 실천까지의 전 과정을 학습하게 된다.

마지막으로 아카데미식 토론은 탄탄한 스피치 능력을 전제로 신속한 상황 판단력, 순발력을 필요로 하기 때문에 스피치 전달기술 습득과 훈련에도 도움이 될 수 있다. 토론수업의 효과는 이러한 4가지 교육적 효과를 얼마나 달성했는가에 달려있다.

11.2.2 토론수업의 운영

성균관대학교 학부대학의 '스피치와 토론' 과목의 수업목표는 학부대학의 교양기초교육에 부합한 학습자들의 전문교육과 인성교육에 중점을 두었다. 한마디로 표현하자면 비판적 - 창의적 - 윤리적 사고를 토대로 스피치와 토론의 실질적 능력 함양이 주요 목적이다. 기초 사고력을 바탕으로 체계적인 수업운영이 뒷받침 되지 않는다면 스피치와 토론과목은 자칫 언변만 능한 사람, 언행이 일치하지 않는 무책임한 사람, 목적달성을 위해 청중에게 거짓말이라도 하는 사람, 상대방의 말은 무시하고 자신의 주장만 일방적으로 늘어놓거나 강요하는 사람들을 제재하고 평가해줄 기준이 모호해지게 될 것이다. 따라서 수업의 수행 내용은 이렇듯 부정적 측면을 배제하고 토론의 실전 능력은 최대화하는 방향으로 짜여졌다.

이 교과목의 '전반적인 수업내용은 스피치와 토론의 이론 습득 및 실습'이다. 먼저 학기의 전반부에서는 스피치 이론과 실습을 하였으며 후반부에서는 토론 이론과 실습을 다루었다. 수업은 기본적으로 통일된 강의계획서에 따라 진행되었으나 자연과학캠퍼스 경우는 인문사회과학 캠퍼스와의 다른 특성과 1학년 학생들의 학습능력을 고려하여 약간의 수정을 가하였다. 즉 자연과학 캠퍼스의 경우는 강의시수를 늘리고 대신 실습시수를 상대적으로 줄였다. 특히 인문사회과학 캠퍼스와 대비해 토론실습 시수를 거의 반으로 줄였으며 스피치 이론과 토론 이론은 계획보다 1/3배 정도로 늘렸다. 이로 인해 인문 캠퍼스에서 이루어지던 2인 토론실습이 자연 캠퍼스에서는 3인이나 4인 실습으로 바꾸기도 했다. 실제로 수업계획을 변경해야 했던 근본적인 이유는 자연과학 캠퍼스의 특성 뿐 아니라 보다 근본적으로 강의계획서 자체의 부적절성에 기인하는 측면이 컸다. 교양기초 과목으로서의 스피치와 토론 과목이 우리 교육계에서는 최초로, 대규모로 시행된 것임에도 불구하고 기존의 신문방송학과나 언론정보학과에서 개설된 스피치 과목이나 토론 과목의 내용과 체계를 그대로 채택하였기 때문이다.

이러한 과목들은 전문성과 기술적인 측면을 강조하는 경향이 강해 교양기초 과목으로는 다소 부적절하다고 볼 수 있다. 더욱이 두 개의 전문적인 과목을 합쳐 하나의 과목이 되었기에 교수와 학생 모두에게 부담스럽고 비효율적인 수업이 될 확률이 높았다. 이러한 문제점은 수행과정 중에 구체적으로 드러났으며 이를 해결하기 위한 방법으로 수업시수와 실습시수의 조정이 불가피하게 이루어졌다.

스피치 이론에서는 스피치가 단순히 말만 잘하는 것이 아니라 논리정연하며 종합적인 사고능력과 표현능력이 필요한 의사소통 능력이라는 것과 스피치를 실제로 작성하기 전에 심사숙고하는 준비단계를 꼭 거쳐야 한다는 점을 주지시킨 후 구체적인 스피치 작정방법과 실행방법을 지도하였다. 보통 스피치하면 말하는 실행단계만이 중요하다고 생각하기 쉬운데 본 강좌에서는 준비단계와 작성단계를 동일하게 중요시하여 준비단계에서는 윤리적인 측면에서 연사의 성숙한 인성(인격)의 완전에 중점을 두었으며 작성단계는 논리적이며 창의적인 사고 함양에 중점을 두었다. 실행단계에서는 발표기법(기술적인 측면)을 습득케 하였다. 특히 연사는 전문성과 아울러 도덕성도 지녀야 하는 인격체이며 청중은 사고력을 지닌 능동적인 존재임을 주지시켜 인간에 대한 이해를 심화시키려 노력했으며 체계적인 스피치 개요서 작성법과 효과적인 실행법을 지도하여 기술적인 교육에도 힘썼다.

스피치 실습에서는 자기소개 스피치 작성과 발표를 통해 개요서 작성법과 스피치 실행을 연습하게 하였다. 자기소개 스피치는 녹음을 하여 제출케 함으로써 발표에 앞서 리허설을 통해 자신의 발음과 발성법을 미리 점검해보는 기회를 갖도록 하였다. 그 다음에 정보제공 스피치에 대한 이론을 약 1주에 걸쳐 강의한 수 실습을 실시하였다. 정보제공 스피치도 개요서를 작성하여 제출하게 하였으며 발표도 개요서에 의거하도록 하였다. 정보 제공 스피치 실습이 끝난 후에는 설득스피치 이론을 강의하였다. 설득 스피치는 시간이 부족하여 실습을 생략하였다. 그 대신에 설득이 주 목적인 토론의 준비 또는 예비과정으로 삼았다. 설득 스피치에서는 토론에 대비해 주로 설득의 체계, 즉 논증 체계를 집중 지도하였다.

토론에 관한 이론 강의는 약 1주간의 다소 짧은 기간 내에 토론의 목적이나 필요성, 토론방식과 기법을 중점으로 설명하도록 구성되었다. 토론의 역사, 토론의 개념정의와 용어를 둘러싼 논의, 오류논증의 사례 등은 여러 가지 제한적 조건 때문에 학습자들의 자율학습으로 남겨두었다. 대신 아카데미식 토론을 위한 입론구성과 교차질의, 반박의 기법들에 대해서는 사례를 통해 자세하게 설명되었다. 이는 동영상 자료를 활용해 상호교차형 토론의 실전과정 전체를 보여주고 각 단계별로 상응하는 구체적인 방법과 기법을 다시 한 번 더 주지시켜 주었다. 이론 강의 후에 인문캠퍼스에서는 2인 토론은 중심으로 약 4주간, 자연과학캠퍼스에서는 3~4인 토론을 2~3주에 걸쳐 실습하였다. 시간 부족으로 인해 배운 이론(특히 논증법과 교차조사 방법)을 실제로 적용해보는 시간이나 실제 토론을 체계적으로 심사해보는 기회를 가질 수 없었다. 그러나 모든 토론실습은 비디오로 촬영하여 학생들이 개별적으로 I-campus에서 볼 수 있게 하여 실습 후에 스스로 평가해보는 기회로 삼았다. 그리하여 그를 활동인 토론 실습이 팀웍과 리더쉽 함양에도 도움이 되도록 하게 하였다. 즉, 토론하는 팀과 준비 및 진행하는 팀, 전체적인 것을 지켜보는 참관 팀, 그리고 심사 팀으로 나뉘어 모든 팀들은 돌아가면서 모든 역할을 해볼 수 있는 기회를 가졌다. 특히 심사하는 팀들은 배운 이론을 적용해보는 기회를 갖도록 하였다. 토론 실습 시 참관하는 팀이 많으면 자칫 소란스러워지거나 건성으로 듣기 쉬어지므로 될 수 있으면 소수의 진행요원만 제외하고 나머지 학습자들은 내용평가서와 채점을 동시에 하도록 지시하였다.

토론실습의 평가는 동료평가와 교수평가를 동시에 병행하였다. 동료평가는 미리 준비된 양식을 사용하여 체계적으로 실시하였다. 동료평가의 목적은 교수의 주관적인 평가를 최소화하기 위한 공정서의 목적도 있지만 바람직한 수업분위기 조성과 토론분석과 같은 교육적인 효과도 염두에 둔 것이다.

참고문헌

- 김경성, 유제필(역)(2004) 밥파이크의 창의적 교수법, 서울:김영사
- 나승일(2004) 대학에서의 효과적인 교수법 가이드, 서울 : 서울대학교 출판부
- 박성익, 임철일, 이재경, 최정임(2003) 교육방법의 교육공학적 이해, 서울: 교육과학사
- 김광용(1998) 인터넷을 이용한 효과적인 원격수업의 운영 - 경영모의 게임을 중심으로, 경영정보학연구, 8, pp.125-144
- 김정숙(1996) 원격화상 시스템 운영, 교육연수, 5, pp.94-114
- 김희자(1996) 화상원격 교육의 실제, 교육연수, 5, pp.70-81
- 박선영(2001) 원격교육개관, www.edunet4u.net자료실자료
- 신철지(1996) 원격교육 운영 사례, 교육연수, 5, pp.82-93
- 이재무, 긴현배, 김종훈(1998) 화상회의를 중심으로 한 원격 교육 시스템 설계에 관한 연구, 부산교대과학교육연구, 23, pp.315-331
- 임정훈, 정인성(1998) 웹기반 가상수업의 상호작용 가정에서 발생하는 학생의 인지적 . 심리적 변화 : 사례연구, 교육공학연구, 14-3, pp.331-357
- 장하용(1998) 원격영상강의: 실제와 가능성, 교육문제연구, 13, pp.59-72
- 정인성, 최경애(1998) 원격교육의 매체선정과 활용실태 분석, 방송통신교육논총, 11, pp.127-160
- 조미헌(998) 컴퓨터 통신을 활용한 원격교육의 비전과 실제, 교육공학연구, 제14권 제3호, pp.359-384
- 조은순(1999) 가상수업에서의 학생 반응평가에 대한 연구: 가상대학의 위성강좌 수업 사례 분석, 목원대논문집, 37, pp.89-104
- 주영주(1998) 원격화상강의/회의 시스템에 관한 연구, 교육시설, 제14권, pp.16-29
- 허운나, 박미혜(2000) 인터넷과 화상회의를 활용한 원격수업 운영에 관한 사례연구 - 네델란드 University of Twente의 코스 운영을 중심으로, 교육공학연구, 제16권 제4호, pp.225-258
- 서울대학교 교수학습개발센터(2005), 교수법 가이드 1,2
- 김희준, 조동성, 임정묵 서울대학교 교수학습개발센터(2004), 서울대학교

- 권낙원 교수방법, 원미사, 2001
- 위영희 협동활동에 의한 유아컴퓨터교육, 서원대학교 교육연구소, 2002
- 김광자 교수방법의 이해, 집문당, 2000
- 김민환 실재적 교육방법론, 양서원, 1997
- 나일주, 정인성 교육공학의 이해, 학지사, 1997
- 민영욱 성공한는 사람들의 토론의 법칙, 가림출판사, 2003
- 김상호 사회과 교수·학습방법의 개선을 위한 수행평가의 도입과 운영의 실제: 경험적 실천 사례를 중심으로, 교육연구정보 36, 1999, pp.137-149
- 노승윤 실기교육방법론, 양서원, 1998
- 박완희 수업총론, 경성대학교 출판부, 1992
- 영남대학교 사범대학 교육학과연구실, 교과 교재 연구의 이론과 실제, 영남대학교출판부, 1997
- 이무근 실기교육방법론, 상조사, 1983
- 이성호 교수방법의 탐구, 양서원, 1997
- 정기한, 황인호 교육 서비스 만족의 결정요인에 관한 연구, 경영교육논총 제29집, 2003, pp.255-284
- 정용부, 오성숙 교과 교재 연구 및 지도법, 학지사, 2001
- 최임수 세무회계 교수방법에 따른 학습만족도에 관한 연구, 세무회계연구 제11호, 2002, pp.251-268
- 홍성윤, 김유미(역) 대학의 수업개선을 위한 효과적인 방법, 교육과학사, 1996
- 황윤한(역) 효율적인 수업, 국제교육아카데미, 1999
- 황윤한(역) 효율적인 교육의 실제, 국제교육아카데미, 2000
- 위영희 협동 활동에 의한 유아컴퓨터교육, 서원대학교 교육연구소, 2002
- 김광자 교수 방법의 이해, 집문당, 2000
- 김민환 실재적 교육방법론, 양서원, 1997
- 나일주, 정인성 교육공학의 이해, 학지사, 1997
- 민영욱 성공하는 사람들의 토론의 법칙, 가림출판사, 2003
- 강태완, 장해순(2003) 대학생들의 토론 학습 동기와 인지 욕구가 토론능력, 상호작용 관여 및 논쟁성에 미치는 영향, 한국언론학보, 47권 6호

• 강태완, 김태용, 이상철, 허경호(2001) 토론의 방법, 커뮤니케이션북스
• 김미자(2002) 논증구조 활용을 통한 토론능력 신장 방안, 광조교육대학교 교육대학원 석사학위 논문
• 박세환, 허경호(2001) 토론능력의 구성개념 및 척도의 타당성 연구, 한국언론학보 46권 1호
• 박승억, 신상규, 신희선, 이광모(2005) 토론과 논증, 형성출판사
• 이두원(2005) 논쟁, 커뮤티케이션북스
• 김현주, 양승목(2005) 국내외 대학 스피치 커뮤니케이션 교육현황, 한국스피치커뮤니케이션 학회 주최 봄철 학술대회 발표 논문
• 손동현(2005) 교양 기초 교육의 의의와 학부 대학의 지향, 성균관대학교 학부대학 신설 기념 심포지엄 발표논문
• 한상철(2004) 비판적 사고와 토론 : 아카데미식 토론을 중심으로, 철학사상 별책 제 4권
• 권오정, 김영석(2003) 사회과교육학의 구조와 쟁점, 서울: 교육과학사
• 권오정 외(1985) 사회과 교육 1, 서울: 방송통신대학교출판부
• 손병노(1996) 사회과 협동학습의 의의와 이론적 토대, 사회과교육, 29. 163-190
• 유종열(2003) 사회과 교수 · 학습 모형과 ICT 활용수업, 사회과교육, 10(1). 137-168
• 윤기옥 외(2001) 수업 모형의 이론과 실제, 서울: 학문출판사
• 이선영(2005) 협동학습이 사회과 학습동기와 사회과 학업성취에 미치는 효과, 석사학위 논문, 이화여자대학교
• 이희도(1997) 다인수 학급에 최적한 교수 – 학습모형 탐색: 소집단 협동학습을 중심으로, 교육학 연구, 35(1). 293-318
• 정문성(2006) 협동학습의 이해와 실천, 서울: 교육과학사
• 정문성, 김동일(1998) 협동학습의 이론과 실제, 형설출판사
• 조영달, 이혁규(2001) 사회교육에서의 질적 연구, 서울: 문음사
• 차경수(2001) 현대의 사회과교육, 서울: 학문사

- American Accounting Association(AAA), "Approaches to Improving Discussions", Accounting Education News, Vol.30, No.5(Fall 2002), pp.7-10.
- American Accounting Association(AAA), "Discussions as a Way of Teaching (and how lectures can build discussion skills)", Accounting Education News, Vol.30, No.5(Winter 2003), pp.7-10.
- Cashin, W.E., "Motivating Students", IDEA PAPER, No.1(August 1979), Manhatan : Kensas State University, Center for Faculty Evaluation and Development.
- Cashin, W.E., "Improving Lectures", IDEA PAPER, No.14(September 1985), Manhatan : Kensas State University, Center for Faculty Evaluation and Development.
- Cashin, W.E. and P.C. McKnight, "Improving Discussions", IDEA PAPER, No.15(January 1986), Manhatan : Kensas State University, Center for Faculty Evaluation and Development.
- Dunkin, M., and B. Biddle, The Study of Teaching, Holt, Rinehart & Winston, 1974.
- Hoyt, D.P. and S. Perera, "Teaching Approach, Instructional Objectives, and Learning", IDEA Research Report, No.1(June 2000), Manhatan : Kensas State University, Center for Faculty Evaluation and Development.
- IDEA Center, "The Excellent Teacher Item", IDEA Research Notes, No.1(July 2003), Manhatan : Kensas State University, Center for Faculty Evaluation and Development.
- Shulman, L. S., "Those who understand : Knowledge growth in teaching", Educational Researcher, Vol.15, No.2(1986), pp.4-14. http://www.edu4ts.net
- Allison J.L Touchstone & Erik T. Anderson (2000) Interactive Video conferencing in distance education http://www.uidho.edu/evo/
- Barnes, Felicie M. & Lowery, Bennie R. (1998) Sustaining two-way interaction and communication in distance learning, THE Journal, 25, pp.65-67.
- Connell, Charles (1996) The Northern Arizona University paradigm for distance learning where student interaction is paramount, Education, 117, pp.162-166.

- Dobni, Dawn & Dobni Brooke (1996) Canadian business schools : going out of Business?, Journal of Educationf or Business, 72, pp.28-36.
- FOREMAN, JOEL (1998) The all digital distance writing course, http://wbweb5.worldbank.org/disted/Teaching/Design/Know.html
- Halal, Willian E. & Liebowitz, Jay (1994) Telelearning: The multimedia revolution in education, Futurist, 28, pp.21-26.
- Hall, Pat (1996) Distance education and electronic networking, Information Technology for Development, 7, pp.75-89.
- Hassenplug, Camille A. & Harnish, Dorothy (1998) The nature and importance of interaction in distance education credit classes at technical institutes, Community College Journal of Research & Practice, 22, pp.591-605.
- Huff, Marie Thielke (2000) A Comparison study of live instruction versus interactive television for teaching MSW students critical thinking skills, Research on Social Work Practice, 10, pp.400-414.
- Lockee, Barbara B., Moore, David R. Moore, David M., and Tech, Virgina, (1999) Instructional image development for network-based distance education, International Journal of Instructional Media, 26, pp.377-385.
- Lowery, Bennie R. & Barnes, Felicie M. (1996) Partnering to establish a distance learning program that is responsive to needs, THE Journal, 23, pp.91-95.
- Martinez, Michael D. & Macmillan, Gretchen (1998) A Joint Distance Learning Course in American Government, The annual Meeting of the American Political science association, pp.1-15.
- Melody Thompson (1998) Distance learners in higher education, Community College Review, 26, pp.87-90.
- Newlands, David & McLean, Alasdair (1996) The potential of live teacher supported distance learning: A case-study of the use of audio conferencing at the University of Aberdeen, Journal of Research on Computingin Education, 30, pp.398-424.
- Offir, B & Lev, Y (2000) Content Analysis as a tool for evaluation the effectiveness of distance learning systems, Society or information technology & teacher, Educationinternationalconference, 1-3, pp.183-188.

- Paul, Lynn., Johnson, Ann O., Cranston, G. Marnie, (2000) A Successful videoconference satellite program: Providing nutritional information on dementia to rural caregivers, Educational Gerontology, 26, pp.415-426.
- Peter Cookson (1990) Persistence in distance education, Comparative Education, 29, pp.171-184.
- Press, Eyal & Washburn, Jennifer & Broden, Fredrik (2001) Digital diplomas, Mother Jones, 26, pp.34-41.
- Ramirez, Marilyn (1998) Conversation Skills and Cultural Understanding through Video conferencing, The annualmeeting of the sunshinestate teachers of Englishto speaker of other languages, pp.1-16,
- Sharer, Scott(2000) Video conferencing & distance learning, Media & Methods, 37, pp.6.
- Ryan, Timothy J. (2000) Distance Higher education: Outlook for the safety professional as student, Professional Safety, 45, pp.23-27.
- Schultz, Carolyn Stark & Rouan, Michael (1998) Stanford online : The Stanford University experience with inline education, Distance learning 98', pp.341-345.
- Telg, Richy W. (1996) Instructional design considerations for teaching international audiences via satellite, International Journal of Instructional Media, 23, pp.209-217.
- The alt.education.distance FAQ(frequently asked question) Part 1 of 4 parts.
- Walsh, John (1995) Distance learning's growing reach, THE Journal, 22, p58-62.
- Barr, R., Barth, J. L., & Shermis, S. S.(1987). Defining the Social Studies. NCSS Bulletin.
- Gross, R. E., et al (1970). Teaching the Social Studies What, Why, and How. International Textbook Company.
- Hurst, J., Kinney, M., & Weiss, S. (1983). The Decision Making Process. Theory and Research in Social Studies 11(3), 17-43.
- Kurfman, D. G. (1977). Developing Decision-Making Skills. National Council for the Social Studies.

• Massialas, B., & Hurst, J. (1978). Social Studies in a New Era: The Elementary School as a Laboratory. New York: Longman.

• Merrill, M. D. (1991). Constructivism and Instructional Design. Educational Technology 31(5).

• Oliver, D. W. (1970). Categories of Social Science Instruction. Gross, Mcpie & Frankel, ed., Teaching the Social Studies. International Textbook Co.

• Shaver, J. P. (1991). Handbook of Research on Social Studies Teaching and Learning.

• Woolever, R. M., & Scott, K. P. (1988). Active Learning in Social Studies Promoting Cognitive and Social Growth. Glenview, Illinois Boston.

찾아보기

정가 10,000원

공학 교육에서의 토론식 수업

2009년 7월 8일 초판 인쇄
2009년 7월 15일 초판 발행

저자와의 협의하에 인지생략

저 자 : 김 진 영
발행자 : 우 명 찬 · 송 준
발행처 : 홍릉과학출판사
주 소 : ㉾ 142-885 서울시 강북구 인수동 455-60
등 록 : 1976년 10월 21일 제5-66호
전 화 : 999-2274 ~ 5, 996-8341, 903-7037
팩 스 : 905-6729
ISBN : 9788972837565
hongpub@hongpub.co.kr
www.hongpub.co.kr